與救世主同在

來自宇宙存在雅伊多隆的訊息

With Savior

大川隆法
Ryuho Okawa

台灣幸福科學出版有限公司

前言

這是一本不可思議的書。

對此感興趣的人們會感到高興，心想「沒想到竟將祕密揭露至如此程度」，然而不感興趣的人們則會皺起眉頭，認為「他什麼都能說，實在是漫無邊際」。

這是來自宇宙存在雅伊多隆的訊息，他與梅塔多隆和R．A．高爾，都是離我最近的宇宙存在。他時常透過幽浮或母艦，在我的身旁警戒保護。

理由是因為有心懷惡意的靈性存在，想阻止我的傳道活動。對此，我在已出版的《大中華帝國崩壞的序曲》（台灣幸福科學出版）一書中亦有提及。有時，僅是靠地球的支援靈團的力量，還不足以對抗惡勢力。

或許有些人覺得「我連靈魂都不相信了，還要我相信有外星人的存在？」然而，就在今年，美國川普總統已正式公開了幽浮與外星人的存在。真相已無法再隱藏。

二〇二〇年　八月十三日

幸福科學集團創立者兼總裁　大川隆法

目錄
Contents

第二章

宇宙眼中的地球人
——雅伊多隆的靈言——　97

靈言現象

所謂「靈言現象」，是指另一個世界的靈魂存在，降下言語的現象。這是發生在高度開悟者身上的特有現象，並有別於「靈媒現象」（即人陷入恍惚狀態、失去了意識，由靈魂單方面說話的現象）。當降下外國人靈魂或外星人的靈言時，發起靈言現象之人亦可從語言中樞選擇需要的語言，因而可用日語來講述。

然而，「靈言」終究只是靈人本身的意見，其內容有時會與幸福科學集團的見解相矛盾，特此注記。

第一章

With Savior 與救世主同在

——來自宇宙存在雅伊多隆的訊息——

二〇二〇年八月十三日
收錄於幸福科學 特別說法堂

雅伊多隆

麥哲倫銀河伊爾達星的外星人。在地球靈界具有高次元的靈性力量，相當於「正義之神」。在伊爾達星，他擔任相當於最高階級的法官兼政治家的工作，負責實行正義與裁判。過去，他曾在養成彌賽亞的行星上，接受過愛爾康大靈的指導。現今，他肩負著保護以大川隆法之姿轉生於世間的愛爾康大靈的職責。他擁有超越肉體與靈體的無限壽命，也與守護地球的文明興衰、戰爭和大災難有所關聯。

〔三位提問者，分別以A．B．C標記〕

1 來自宇宙的守護神雅伊多隆的訊息

大川隆法　早安。今天我想來進行與平時稍微不一樣的靈言。我們常常受到宇宙存在雅伊多隆的照顧※，今天想來請教他的想法。

在冠狀病毒流行之前，我們也從宇宙收到一些訊息，如今已過了半年以上的時間，現在也快要八月底，或許他對未來有著不同的想法或感受。

即便我們時常請教他的意見，但他總是扮演幕後的角

※ 雅伊多隆擔任大川隆法總裁身邊24小時的警備工作，負責擊退妨礙總裁的惡靈、惡魔或生靈，於總裁國內外巡錫時，也肩負護衛的工作。其公開收錄的靈言、幽浮靈性解讀已超過25次。參照《耶穌、雅伊多隆、托斯神的靈言》（幸福科學出版發行）。

色。當我們遇到超出我們所能控制的情況、或者遇到麻煩的時候，他便會前來給予意見。所以其實我們沒有太多關於他的靈言的正式錄影。

今天的主題是「With Savior 與救世主同在」。自從東京都知事小池說起「With Corona」以來，「With Corona 的時代」一詞便頻頻出現，不過我覺得這句英文口號並不是很好。

我今天想請雅伊多隆來講述一個不同的主題——「With Savior」。他是相當於守護神的存在，所以我想不論何時，他都會將如此想法謹記心頭。

此外，由於他的真實樣貌尚未被揭露，所以在過去歷史上，除了天上界的高級靈會降下各種靈示之外，有時像這樣的宇宙存在，或許也會降下聲音。

他能夠客觀、冷靜、縝密地分析判斷，地球的靈人所無法述說的事物，所以其靈言能成為一種參考。

因此，但願他能講述出我們未能察覺之事。

平常他都會出現在我們所拍攝的幽浮照片或影像中，但今天我想避開這般做法。今天亦可以看出各位提問者具備著多少程度的提問能力。各位不是專業的媒體人，所以我也不確定你們能發問何種程度的問題。或許會因為詢問太多從「地球的角度」出發的問題，而被責罵也不一定。

不論如何我想召喚他，因為他現在似乎對於未來有著想要傳達的事。那麼，我們就來聽聽來自宇宙的雅伊多隆的訊息。

雅伊多隆，雅伊多隆，雅伊多隆啊。

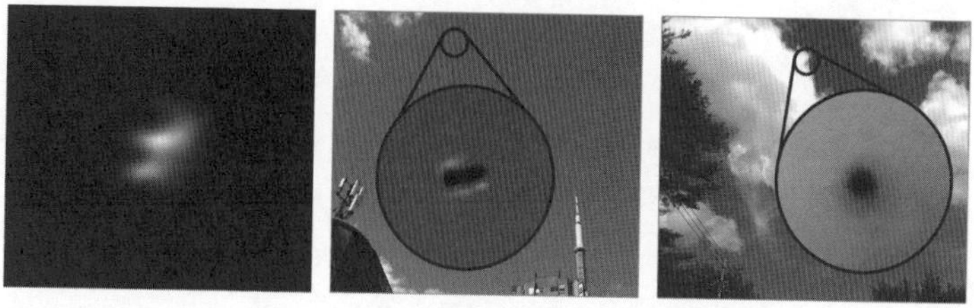

至今被拍攝的一部分雅伊多隆的幽浮照片與影像。從左邊分別為2018年9月24日（影像）、2019年10月4日〔日本時間10月5日〕加拿大·多倫多（照片）、2020年7月2日（照片）。

請傳遞您的聲音到幸福科學，透過我們，將您的訊息傳達給關心的人們。

謝謝您。

（大約沉默十秒鐘）

2 雅伊多隆如何看待冠狀病毒的問題

新型冠狀病毒並非自然發生

雅伊多隆 我是雅伊多隆。

提問者A 早安，今天真的很感謝您。

雅伊多隆 好。

提問者A

今年二〇二〇年，被稱為是對於未來與文明的分歧點。從去年底以來，就有預言說不久將發生重大事件。首先，新型冠狀病毒的問題席捲了全球。這同時是中國的問題，美中之間的霸權戰爭也因此越演越烈。

在如此背景下，現今人們最關心的是冠狀病毒的問題，以及人類未來的去向。針對這個問題，您是如何看待，或者是如何預測的呢？

雅伊多隆

從我們的角度來看，現在的地球人似乎變得有點精神異常，彷彿是想集體自殺的樣子。

根據我們的分析，全球各地所蔓延的冠狀病毒並非自然發生。或許有些人為了逃避責任，會強調這是偶發性的自然問題，但事實並非如此。

我們堅信這是有人為了想置他人於死地，進而廣佈這個病毒。我想你們聆聽到的其他眾多靈言，也都是講述了相同的內容。世間當中，有些人為了操控資訊、擾亂人心，主張這病毒是自然發生，或是在許多國家同時發生。這些人皆是為了逃避責任。然而，確實有人抱持著明確的意圖，為了造成世界性的危機，而創造出病毒並加以散播。

疫苗的開發無法立刻終結疫情

雅伊多隆

這個病毒問題還在持續發燒中，目前還看不到終點。剛開始降下關於這方面議題的靈言時，全球的感染人數差不多是一萬、兩萬、三萬人左右，但現在已達二千數百萬人。有很多地方沒有進行採檢，所以實際的數字必定會更高。感染人數突破一億人以上，只是時間的問題。

幸好，致死率還低於五成以內，所以即使感染了還是能痊癒。據說因感染病毒而身故的人，以有著宿疾或高齡人士居多。

目前，各國皆在努力開發著疫苗。隨著疫苗在各種不同民族之間施打，人類會慢慢對病毒建立起抵抗力或免疫力，但病毒也會為了突破這些免疫力，進而不斷地變種。所以我認為，疫苗的開發無法立刻終結疫情。

當這些病毒快速流行之際，人們必須思考它為何會如此蔓延。當然，製造並釋放這些病毒的人們的確有責任，不過受害的人們也必須思考，現在地球上到底發生著什麼問題。

第二波以後會發生什麼事？

雅伊多隆　若想知道更具體的內容，請儘管提問。

提問者A　首先，我想請教一下，其實人們現在最關注的，就是「第二波疫情會以多大規模籠罩全球？」事實上，現在的致死率比原先的階段降低了一些，所以受害影響並沒有想像中地大。請問病毒是否會再次變得兇猛，若是會，它的規模有多大？人們對此非常關注，請問您的想法是？

雅伊多隆

你也知道……唉（吐氣）。事實上，我認為現在地球已超越第三次世界大戰，進入了第四次世界大戰。

我們本來預測人類會在第三次世界大戰利用核武，造成大量殺戮，即便現在核武還存在，但如今任何一國都難以利用核武進行「唯有單方保有優勢的對戰」。畢竟要是哪一國使用了核武，人們都會知道是誰發動攻擊，進而加以反擊。如此一來，原先發出攻擊的一方，也會蒙受巨大的損害。

然而，如果是病毒式攻擊，人們就無法判別誰是幕後的主使者。所以說，縱使核武仍然是個選項，但確實已有人率先用病毒的方式，引起世界的混亂。

特別是，目前受害最嚴重是美國、巴西、歐洲以及印度。所以……那些幕後主使者正以不留痕跡的方式，測試這些病毒的效果。

回到你的問題，如果這些主使者不承認自己的過錯，受害的一方也可能會用相同方式反擊。在無法確切得知責任歸屬所在的情況下，各國之間將難以取得共識，進而難以發動一場對立關係明顯的血戰。

此外，另一個國家也可能會跳出來展開病毒的戰役。如此一來，事情真相將變得更是模糊不清，也難以知曉事情將會發展到何等地步。

現今全球人口已達七十八億左右，人們應該已感覺到，若人口持續增加，人類將面臨糧食與能源的問題。即便每個國家都希望能生存下去，但這其實並不被允許。今後可能會發生造成人口遞減的各種現象。

這些計畫往往並不是公開透明，而是在人看不見的地方，在幕後進行討論。

這次最令人震驚的，就是世界第一的都市紐約蒙受了最大的損害。這應該是伊斯蘭恐怖攻擊以來，美國受到的最大衝擊。

世界各國之所以會互相攜手合作，本是為了變得更加強盛，但當像是新冠肺炎的疾病開始流行……。比方說，歐盟跨越國境，結合了好幾十個國家，是一種被認為能鞏固經濟的制度。然而，由於歐盟各國無法關閉邊境，所以在病毒面前變得弱不禁風。諸如此類的現象不斷發生，人類之間開始互不信任，同時還必須保持距離。這般價值觀與過往的價值觀恰好相反，這宛如在跟對方說「如果你愛我，就請保持距離」，我認為，價值觀的顛覆即將發生。

「人類想要集體自殺」的意涵為何？

雅伊多隆

日本在關於「恐怖攻擊」議題方面，非常地落後。

不過，大約二十五年前，有個日本的邪惡新興宗教團體，曾利用毒氣展開恐怖攻擊，帶給全世界很大的衝擊。這證明了，只要一個組織擁有充足的資金，便能展開沙林毒氣或生化武器的攻擊。

現今世界雖然非常密切地關注著核武開發，但被稱為「窮人的核武」，也就是生化攻擊等等，便能逃過眾人的眼睛。例如，敘利亞早已利用毒氣作為攻擊武器。若世界開始出現毒氣攻擊或病毒攻擊的話，後果將難以收拾。

在這層意義上，正如同我一開始所說的，我認為人們似乎想要集體自殺。也因此，我想我們有必要去廣佈新的價值觀。

從根本上而言，這些問題之所以會發生，是因為人們只想到這世間當中的生存。過去的宗教戰爭皆是因為如此理由所引起。人們只想到世間的生存，只考量到「自己的民族」、「自己的國家」的存活。

所以，第二波疫情會發生什麼事，實在是很難說。第二波、第三波疫情等等，將會發生非常多的災難現象。

除了病毒之外，現在也發生了各種如洪水、大量的蝗蟲、熱浪等等現象。應該有很多人，無法理解這些事背後的發生原因。

或許在日本不知情之處，有人正在研究如何製造颱風或旋風，進而造成巨大的傷害。所以要判斷其現象是人為創造，還是自然發生，或許會變得越來越困難。

不過我能斷定的是，如果有人正思考著「如何將七十八億人口，縮減為五十億」，那麼那般想法是有可能被實現的。

這些就是在第二波疫情之後，可能會發生的事。

3 救世主會在危機的時代中現身

人類現今正被要求重新振作而起

提問者A　雖然冠狀病毒的問題是人為所致，但觀察現狀，在那「縮減人口至五十億」的想法當中，是否包含著天上界的天意？也就是說，是否有人刻意掀起天變地異的現象？

雅伊多隆　如同各位所探究的內容，這個世間其實就是一個實驗場、一個學習的教室，讓每個存在於實在界的靈魂，寄宿於肉體並且使其在其中生活。因此，我們都在持續探討著這世間的環境是否合適。當它的環境不再合適，有時文明會衰落或整個大陸會陷落。

不過，在那階段以前，以人為興起的災禍為例，有些先進文明會摧毀落後的民族。過去，西班牙曾遠赴南美，摧毀那一帶以「國王」為中心的君主制文明。或者，有一些歐洲國家曾將印度以及其他亞洲國家當作殖民地。

就像這樣，「將某個民族降級為奴隸階級」之事，現今也持續發生中。例如，現在的「猶太人問題」，其實就是源自於過去埃及奴隸的種族問題。

有時候，亦會發生這般程度的災難現象。

除此之外，或許現在已不值得一提，但過去在中世紀曾發生黑死病，在更早之前還流行過天花等多種疾病。想必當時人們也無從得知疾病背後的理由。在交通不便的時代，或許住在某地區的人們對某些疾病有著免疫力，但其他地區的民族就未必如此。所以過去會因為疾病的廣佈，而造成人口減少。

例如，當時宗教戰爭最為激烈的時期，爆發了黑死病大流行。這是在伊斯蘭教與基督教，以及基督教中的天主教與新教激烈對戰之際，所爆出的疾病。當人類以戰爭的形式發生衝突，人們可能會將異國的疾病帶回自己的國家。

雖然這些現象背後的原因，並未全部揭曉，不過有時候，一個民族或國家確實會因此消滅，歷史中有非常多這樣的例子。

目前的病毒戰爭，還不是最終階段，「文明的消滅」才是最終階段，在到達那地步之前，還距離幾個階段。各位可以將這段期間，認為是「人類現今正被要求重新振作而起」的時期。

正是因為危機，救世主才會現身、宇宙的意志也才得以被揭露

提問者B　今天非常感謝您。

剛才您提到「地球似乎正往集體自殺的方向前進」。從您身為宇宙的存在來看，或許地球人正因世俗的價值觀而彼此鬥爭。

今天的講題為「With Savior」（與救世主同在），當我思考救世

主們的所思所想時，我認為人類已大幅偏離「地球本來的應有之姿」。若將全體地球人比喻成一個個人的話，我想現在此人已處於一種無法反省的狀態。

為了阻止人類朝集體自殺的方向前進，身為地球人的我們今後該如何做才好？能否請您給予我們一些提示。

雅伊多隆

從我們的角度來說，我們平時是無法介入地球文明之間所發生的事物，所以我們僅是觀察，讓地球人隨心所欲做想做的事。但有個特例，就是當發生很大的問題，導致人類難以存續下去，我們便會介入。所以就某種意義來說，這也是一種讓我們展現身姿、講述意見，並改變人類方向性的機會。

雖說「二〇二〇年起，是地球的黃金時代的開始」，但各位可能會納悶「世界發生這麼多的壞事，怎麼可能是黃金時代」。不過對我們而言，現在反而被賦予了能真正介入地球的機會。藉此機會，我們能向頑固的地球人傳達「宇宙文明的存在所抱持的想法」、「宇宙的意志到底是如何被運作」。

因此，即便這對人類來說是個危機，卻也正因是危機，救世主才會現身、宇宙的意志也才得以被揭露。在這層意義上，至今地球人依靠自己的想法，獨自營運著地球，如今被賦予了「轉變」的機會。

我們正教導著人類，人類的那般想法已走進死胡同，若是人類無法自己解決，外部的力量便會開始發揮作用。

簡單來說，這次的病毒就是一種「共產主義病毒」。共產主義的病毒，自一八〇〇年代後半以來便蔓延於地球。

「共產黨病毒」、「共產主義病毒」不斷地侵蝕著地球、吞食著懷有「信仰神明的基因」的人們。很顯然地，現在我們來到了，必須將這些病毒轉為無害或將其殲滅的階段。

人類正被考驗著「要到何種地步才願意呼喊神的名字」

提問者C　您提到了必須要將「共產主義病毒」、「共產黨病毒」轉為無害或將其殲滅。那方法最終是否會演變成一種「思想戰」？

雅伊多隆

基本上，終究必須讓人們感受到神的存在。為此，必須發生一些神祕現象或奇蹟現象，高次元的想法也必須藉由更為進步的存在廣佈至世間。

在這層意義上，或許世界末日現象並未充分發生於二十世紀中，但它可能發生於二十一世紀。

雖然人類必須與那些現象搏鬥，但依據人類選擇何種價值觀、何種思想，其結論就會有所改變。

為此，人類之間將會產生自由意志上的對立衝突。

現今，救世主正現身於地球，並講述自己的意見。然而，其意見廣佈的程度，尚未能完全殲滅世界上的惡質思想病毒，亦還無法讓那思想病毒無害化。

若是人們有著正確的知識，便會明確地知道，從救世主的角度或從給予救世主力量之存在的角度來看，唯物論、無神論、不可知論等，這一切皆是錯誤的思想。若人類無法接受這般想法，各式各樣的災難便會降臨。

「要到何種地步，人們才願意呼喊神的名字？」現在人類正如此被考驗著。

4 與「知識共產主義」的戰役已經開始

唯物論國家・中國必須面臨的三個戰役

提問者A　現今，因為共產黨與唯物論的問題，美中戰爭似乎即將爆發。但是那構造並非如此單純，因為美國也不是完全有著信仰的國家，所以我們對如此現狀感到擔憂。

觀察美國本身，會發現美國在言論管制上變得越來越像中國。川普總統的意見完全被媒體封殺，陷入一種壓抑言論的狀態。而民主黨有著非常強烈的左翼思想，他們的副總統候選人也抱持著某種近似共產黨的想法。

若是如此，縱使美國對中國打出了勝仗，人類所抱持的唯物論、無神論的傲慢想法仍舊無法消失。

即便除去了危險的極權主義者，唯物論仍舊會殘存於世間，還是會有人往唯物論的方向前進。對此，我想請教您，為了讓人類能走向信仰神的方向，今後會發生什麼事，或者是需要發生什麼事呢？

雅伊多隆

觀察世界，似乎有著如此傾向，那就是「貧困地方的人們抱持較高的信仰心，隨著經濟水準的提升、每個人的價值提升，信仰心便會開始衰退」。但是也有著例外，好比像美國這個國家，即便經濟水準提升了，國民仍舊保有很高的信仰心。

不過總的來說，信仰雖然在貧困的國家容易廣佈，但隨著國家變得富裕，人們便會忘記神佛，甚至將自己視為如神一般的存在。

此外，我認為中國以外的下一個大國即是印度，但要將印度變為無神論的國家，並非那麼簡單。有十二、十三億國民的印度，並非僅存在著一種信仰，而是有著好幾十種不同的信仰，他們都是有著極高的信仰心的國民。

所以，若是美國在基督教的信仰心上，輸給了唯物論的思想，那麼接下來的戰役，即是「唯物論與印度的價值觀之戰」。

還有，伊斯蘭圈的走向也是個問題。伊斯蘭教在貧困地區擴大了不少領域，從中東擴張到非洲，並且因為油田的權利，一部分的王族變得非常富有。因此，共產主義的革命極有可能於其中爆發。然而，若是他們決定興起共產主義革命，他們也必將面臨「是否要捨棄信仰」的兩難。所以，中國的價值觀將面臨與伊斯蘭教勢力的思想上的戰役。

觀看著地球各地的文明，我認為，除非唯物論以及無神論的國家能戰勝與美國、印度和伊斯蘭文明的三場戰役，否則是不可能在世界各地打造帝國。

我們必須守護作為靈魂學習之地的地球

雅伊多隆

我們現在正緊守著這三場戰役。我們有著使命，在必要時會發表意見、引發某種現象，以便給予人們覺醒的機會。

因為地球正面臨著文明的轉捩點，所以現在從宇宙當中，吸引了非常多種類的外星人前來觀察。

那並非僅是一個種類，有相當多外星人來自於比地球文明還要高度進化的星球，就像是從東京上野動物園中觀看動物一般，正觀察著地球。他們多半是從外側觀察，但是也有一部分人和我們一樣，會與地球人聯繫，並開始介入其中。

外星人之間的想法也多少有差異，所以這也必須加以協調。

但也因為如此，想必他們可以理解地球人的意見，在每個民族、國家之間有所分歧。即便如此，也還是必須要具備著「應有的共通思維」，關於這方面我想我們必須建立起指導方針。

至少，「守護作為靈魂學習之地的地球」是不能妥協的。

從更宏大的規模來說，人們並非只在地球進行著靈魂的轉生實驗。有時，其他星球的人類型外星人也會轉生為地球人，或者是一直身為地球人的靈魂亦會轉生到別的星球，獲得新的靈魂經驗。

雖然我不知道現在的地球人是否能理解到這般程度，但不論地球人能不能理解，我們都還是必須保護「作為靈魂學習的環境」。

因此，若世界真的走入嚴峻的時代，比如爆發核武戰爭，出現大量的虐殺，那麼我們便會透過軍事手段介入。憑我們的力量，不到一個禮拜的時間，便能消滅地球上的所有核武攻擊設備。儘管我們擁有那般力量，我們還是希望地球人能靠自己的自由意志與責任感做出判斷。

所以在這樣的時代，開導人類的方便法之一，即是在世界末日般的現象發生之時，救世主現身於世間，透過講述教義，指明人類應前進的方向。

對此，人類正被考驗著，跟隨救世主想法的人們，是否會大量湧現。

「知識」成為現代當中權力之泉源

提問者A　方才，您提示了幾種可能性。唯物論的國家不僅要戰勝美國，還必須戰勝印度與伊斯蘭教。可是聽說美中之間的問題存在著多種劇本，請教現今最有可能發生的劇本是什麼呢？

雅伊多隆　這還有另外一個問題。共產主義的想法，本是從討論「物質上的財富分配問題」出發。為了調整人民之間的差距問題，比方說「如何解決富人與窮人之間的階級差異」、「窮人是否遭受迫害」，進而共產主義主張，透過財富的再分配以取得平等。

這是從中世紀到現代，一直在貴族制度當中發生的問題。因為一部分的人們很富有，其他民眾很貧困，於是為了提升大眾的生活水準，便破壞了貴族制度，重新分配了財富。這是每個人都能輕易想到的一種解決方式。

我並不是無法理解這種想法。特別是在皇家制度中，當惡逆無道的君王沒有施行德政，導致民不聊生，例如，動不動就將人判處死刑、擊垮挺身反抗的國民等等，那麼皇家就不得不面對人們所興起的革命。

然而，現代並非僅是「貧富差距」的問題，共產主義的想法還從「知識層級」產生。

也就是說，擁有越多知識的人越有優勢。並且，「教育上的身分差距」、「獨占、寡占知識進而支配人類的媒體」，這般問題也已開始陸續浮現。

從這一點來說，美國除了共和黨與民主黨之間的對戰問題外，非貴族或非王族的一般大眾也逐漸地獲有知識，而他們的知識漸漸地成為了一種權力。

因此，人們慢慢從「富裕」為權力之源的時代，邁入「知識」為權力之源的時代，這兩種權力正在同時發生。人們本來面對的是因財富分配不均，所造成的不平等問題，但現在問題的源頭則是來自於知識的分配不均。能聚集和運用知識的權力者，可能在民主主義制度中，坐擁最高權力。這樣的文明實驗正在美國發生，而總統必須獨自對抗諸多這般擁有知識的勢力。

中國等國家的「獨裁式強迫知識選擇」

雅伊多隆

另一方面，即便是像中國一樣擁有知識的國家，民眾還是會被某種特定的價值觀洗腦、限制。換句話說，現今中國政權不允許人們利用知識來反對統治者。中國政府透過武力，強制人民成為「聽話的機器」。

如同今天的新聞報導，香港主動從教科書中，將天安門事件刪除。這意味著，香港遭受到了壓力。透過刪除掉那些事實，中國便能假裝過去從未發生過那般不利於政府的事件。

因此，若政府發布了類似以下的說法，「自習近平進入武漢以後，中國的病毒感染者與死亡者便不再出現。除了某些地區有從海外歸國的感染者，但中國在控制病毒方面，取得了完全的成功」，那麼人們也別無選擇，只能接受如此說法。

所以，即便共產主義本該推翻獨裁勢力，但現今獨裁勢力卻在共產主義當中覺醒。而獨裁者強迫人們接受某種知識的情形，也在不斷地發生。

因此，美國等國家的自由市場中，發生著「知識權力」的弱肉強食的情形。另一方面，中國等非自由主義國家當中，則是出現了「強迫人們選擇專制知識」的情形。

現今，知識成為了一種力量，而人們能利用知識壓制人權，甚至奪去人命。以往「富裕」才是敵人，事到如今「知識」也變成了一個問題。

下一場革命將是「寡占知識」之戰

雅伊多隆

中國的影響也滲入了日本，而美國的左翼知識份子的知識萬能主義，也大量地滲透了日本的學界與媒體界。基本上，他們的基調為無神論、唯物論、不可知論、科學萬能主義。

因此，下一場革命將不僅是「與王族、貴族的寡占財富、權力之戰」，還必須思考如何看待「寡占並操縱著知識的人們」。我們目前正散佈著「宗教的訊息」，或是「宇宙的訊息」，這些都是目前寡占知識之人所沒有的資訊，藉此將他們的權力無力化。

川普總統在前幾天，公佈的五角大廈紀錄中，三則關於幽浮前來地球的證據。作為一名總統，他首次公開「地球上出現疑似外星生命體所搭乘的不明飛行物體」之事實。其實他還擁有更多資訊，或許他以後還會繼續揭露。我認為，川普是想透過公開這些資訊，對「一群人試圖寡占知識，進而支配眾人」的現象，打開一個破口，帶來新的風向。

來自於地球靈界的高級靈，正給予著川普靈感，而川普也想對外揭示，過去以來一直被隱瞞的事實，那就是「歷屆總統皆從宇宙接收了一定的訊息」。這麼一來，現今所謂的「知識共產主義」，可能就會開始崩解。

因此，寡占了知識的媒體，未必是站在民眾的一方，反倒是他們將民眾視為控制的對象。他們在徵收訂閱費、收視費的過程中，製造出支配與被支配的不同階級。除了支配民眾以外，媒體還能使掌權者「無力化」，並將掌權者作為自己的傀儡。

「外星人的訊息」會使媒體無力化

雅伊多隆

為了不受媒體控制，美國總統透過推特來發布意見。然而，僅管是總統的意見，推特公司依舊能按照自己的想法刪除其內容。這又是一種令人感到恐懼的權力。

他們不允許人們自由發表言論，也就是說人們若不透過其他媒介，就無法自由地傳遞訊息。因此，現在除了正發生著「財富或階級差異之戰」外，也發生著「知識的聚集和分散的戰役」。

對此，我們正向世間投入「異次元的未知知識」，為的就是使他們的勢力無力化。

「With Savior」（與救世主同在）這句話則是如此。不是世間流傳的「With Corona」（與冠狀病毒同在），畢竟病毒無法說話。對報紙或電視媒體來說，如此外星人所傳遞的「與救世主同在」的訊息，會是令他們感到頭昏腦脹的強力一拳。若世間存在著他們無法自己取得情報或採訪的對象的話，那麼就意味著他們有著弱點。

再說，若有人能取得那些媒體無法取得的資訊，也就意味了那般媒體權力無法再堅若磐石。

因此，若是我們能描寫美中之戰的劇本，那對人類來說，會是一個極為恐怖的內容。

當然，我們還是希望人類能自己做出選擇。

5 美中對立與美國總統選舉的走向

現今我們正於中國興起內部改革

雅伊多隆　不過，中國為了確立霸權，還必須對外興起好幾場戰役，而除了病毒以外，中國本身也面臨著許多危機，甚至是漸漸地遭到世界的孤立。

所以，現在中國能夥同聯合的國家，已經……。曾為共產主義國家的俄國，現在也想重返G8（八大工業國組織）的行列。伊朗也正因經濟制裁，處於非常衰弱的狀態。

目前，中國正打算與印度對立的巴基斯坦聯手，而習近平也打算前往韓國。由此可知，他們現在的處境可說是非常難受。

最近，中國的首相對外說出了中國人平均年收入。依此計算，便能知道中國真正的ＧＤＰ（國內生產總值）。譬如，在中國月收入約一萬五千日幣的人，大約有六億人。此外，即便不屬於那六億的所謂「富裕階層」，其收入所得也非常低，年收入大概也只有四十五萬日幣左右。

若這數據是正確的，乘上中國人口便能得知，中國整體的ＧＤＰ也僅有大約六百三十兆日幣。

現今日本的ＧＤＰ超過五百兆日幣，雖然今後可能會因為疫情打擊而有所減少。但無論如何，中國宣稱「中國從很久以前GDP就已超越了日本，並且超越兩倍以上，甚至即將要超越美國」，這是一個完全的謊言。那般真相，現正從中國首相的口中洩漏出來，而「習近平想透過謊言打造虛假的帝國」之事實，也正從內部外洩。

若共產黨政權揚言經濟成長了百分之七，那就會當作是事實。他們雖然發表出那樣的數字，實際上，人民卻是過著凋敝的生活。抱持著多少正義感的政治家，對此如此矛盾，應該會興起「這遲早必須要加以更正」的想法。

如同香港和台灣在對抗北京政府一樣，我們現在也正想從中國本土，興起能呼應香港和台灣對抗北京政府的勢力。為此，我們會製造洪水、蝗災以及其他各種危機。例如，糧食危機、被他國經濟制裁的危機，或者因失去國外朋友而感到孤立的危機。透過這些災害，進而希望讓中國能興起內部的改革。

被世界所討厭的中國與韓國，現今兩國又開始靠得很近。因為他們的想法與世界有所背離，所以他們正遭到世界的孤立。當他們內部的狀況被公諸於世，就像過去的蘇聯一樣，他們的國家將會開始分崩離析。

抱持何種想法之人適合擔任美國總統？

提問者A　您提到了中國的分崩離析源自於中國內部。

現在我們很關心即將到來的美國總統選舉。我認為，這是決定近未來的轉捩點。

從客觀來說，川普現在處於非常嚴酷的局面。請問您認為川普勝選的可能性有多高呢？

雅伊多隆

嗯……（大約沉默十秒鐘）。現在美國西岸從事電影產業的人們，以及此次新冠疫情特別流行的紐約居民，都抱持著非常左翼的想法。這些頗具美國代表性的地方，都是「反川普」的陣營。此外，現在還出現了揶揄川普思想為「反知性主義」的風向。

實際上，美國的政治家有太多人只從事過政治工作，所以他們難以理解要如何營運國家的總體財政。

此外，歐巴馬政權時「美國變得多麼貧困，進而無法拯救貧困階層」的事實也被隱蔽，並且還讓中國變成一個更兇惡的國家，對此媒體都沒有正式地報導出來。

這場選舉會是一個很大的戰役，截至目前為止，我們正努力讓川普獲勝而行動，並且我們希望川普的接班人也是抱持著類似的想法。

我們選擇的基準是「由一位能提升美國的國力，並能清楚表態對神的信仰心之人來當總統」。我們無法贊成與如此想法相左的人擔任總統。

因此，拜登若是當選了總統，除了未來會變得很嚴峻以外，某種反作用必定會發生。這或許會加速「美國的沒落」。

畢竟，拜登他其實並不能理解川普在過去三年半期間究竟做了什麼。

川普有著企業經營者的眼光，他能理解如何才能讓美國變得更為繁榮。反之，拜登只是抱持著「只要向大企業徵稅，撒給貧困的人就完事」的想法。

拜登的想法終究比較接近共產主義、社會福祉國家主義，這無法引領美國走向更繁榮的方向。我想他應該會繼承歐巴馬政權時期的惡政。

拜登的勝出將會導致「第二個希特勒的出現」

雅伊多隆

在能從宇宙介入的範圍內，我會增強目前的政權以及繼承其政權之人的力量。現在日本與美國的知識份子都稱川普為「分裂主義者」，認為他會將美國帶往孤立的方向，並且使世界變得支離破碎。

然而，實際上若是拜登當選了，他將會對中國採取綏靖政策。而這也意味著美國將會迎來「第二希特勒的出現」。

但願美國國民沒有愚蠢到如此地步。若拜登與他的副總統執政，美國將會慢慢與中國拉開距離，反而會加速自己的孤立化。

客觀來說，這就等於美國承認自己在病毒戰爭中打了敗仗。

因為在病毒之戰輸給了中國，北美與南美都蒙受了非常大的損害，繼而會對中國抱持一種「多一事不如少一事」的想法，變得既害怕又不敢發表意見。我想中國將稱霸於聯合國，興起想支配全世界的欲望。

對此，亞洲的小國們會開始抵抗，歐盟將面臨「要被中國收買到何等程度」的局面，非洲則會面臨「要被中國掠取到何等程度」的困境，如此大霸權主義將會開始。

為了阻止如此情形，我們已在中國持續引起天災等自然災害，而且我們還有很多其他想法，就是為了防止習近平成為終身的「皇帝」。

透過無數革命家與英雄，興起中國的變革

提問者C　據說中國內部亦有著能呼應您想法的人們，能否請您針對這一點，做更詳盡的說明呢？

方才，您說美國需要的是能提升美國國力，並且能清楚表態對神的信仰之人來擔任總統。而對於中國，若是讓習近平失勢，請問您認為什麼樣的領導者，適合當下一位接班人呢？

雅伊多隆　儘管中國出現了數不勝數的警察或軍隊的鎮壓，但是民眾的叛亂，終究還是會持續爆發。若是沒有民眾作為後盾，變革將難以實現。

現今，中國因為香港的問題，逐漸在國際上遭受孤立。對此，中國國內也有知識份子，從國外回來的人們，也能正確地理解到現在發生著什麼事。

反觀，習近平等人對此沒有理解，他們真的覺得憑自己一個國家，就能夠營運全世界。

我認為「革命勢力」必會興起。或許共產黨員有九千萬多人，但其中八成左右的人，都對目前的政權，抱持著某種程度的不信任感。

所以，當這八成黨員的不信任感，轉變為實際的數字公諸於世的時候，當中國不再提升經濟發展，在國際上變得貧困的時候，又或者是當習近平因為缺乏國際外交手腕，持續讓中國變得越來越孤立的時候，那麼中國內部將會興起非常大的變革。同時，現今被政府徹底控制的媒體，亦會出現叛亂，被情報當局、網路警察所壓制的個人網路，也將會出現諸多提供資訊的民眾。

因此，改革不會是以個人為單位，而是會出現無數的革命家或英雄，也不會是特定的某個個人。

6 關於「人類重建」之路

日本缺少能掌舵的領導者

提問者A 方才請教了您關於國際情勢的想法。另一方面，日本的安倍首相有健康上的疑慮（二〇二〇年八月二十八日，安倍首相因慢性病惡化為由，表示將辭去首相一職）。他對新冠疫情問題徬徨無措，指導力也在逐漸衰減。想跟您請教，今後日本應該讓誰來掌舵？

雅伊多隆

日本現在缺乏能掌舵的領導者。

現今日本政權所做的，都是日本主要媒體的意見。所以，日本的幕後其實是「媒體政權」。只要媒體允許增稅，日本政府便可增稅，現在已是如此狀況。媒體的知性力量的極限，同時也就是日本政治的極限。

大多數媒體都認為，現今執政的人們都是低學歷者，並且都是「反知性主義」的人們，所以他們自認為能操縱政府。

坦白說，日本目前沒有合適的接班人。任誰接手都會出現混亂，任期也不會持續長久。

不過，再讓安倍長期執政下去，也只會增強日本「中國化」的可能性，所以對此還是必須做出一定的制止。

他在外交方面，總是巧妙地呈現出有在做事的氛圍。但由於疫情的關係，現在他也無法進行外交。而所謂的「安倍經濟學」的政策也已無計可施。他本來也想推動「旅行、觀光、賭場」，但也因為感染症學者所提出的避免「三密」（密閉、密集、密接），全都變得難以實現。

基本上他盤算著，透過人們在休閒產業消費，進而實現經濟繁榮，但這般想法將會崩解。

因此，日本還是會持續一陣子的混亂，而今年的經濟崩解也將會帶來非常嚴重的打擊。有些公司甚至會減少百分之九十九的銷售額。雖然一部分的零售業以及資訊產業，還是會持續賺錢，但仍不足以維持整體經濟的平均值。總的來說，日本整體將會衰退將近百分之三十，美國亦是如此。歐洲則被預測會衰落百分之四十，世界經濟將會越來越緊縮。

在如此狀況下，安倍將難以繼續執政。而如果現今在野黨要求聯合執政，想必也會立即失去國民的信任。畢竟在野黨的政治家們，對提振經濟的方式更是一無所知。

日本的戰後政治將會崩解，大規模的「排膿」即將開始

提問者A　我還想請教一個問題。日本政府總是想靠「凱因斯經濟學」，透過「撒錢」的方式來克服所有問題。

雅伊多隆　沒錯。

提問者A　我想世界上絕大部分的國家，也都想透過撒錢的凱因斯經濟學，來克服這次的危機。當經濟蕭條時，人們往往認為只能靠凱因斯經濟才能解決。在這種情況下，今後需要何種處方籤呢？

雅伊多隆　第一次世界大戰後經濟蕭條時，希特勒就是以此方式急速復興了經濟。所以至今，凱因斯經濟學被世界視為一種奇蹟的處方籤、外科手術。然而，在你們過去的靈言當中開始提到，如此方式其實會導致「秦始皇般的惡政」。

經濟的本質，其實在於「自由」與「機會的平等」。沒有自由與機會平等的地方，不會有經濟繁榮。所謂自由與機會的平等，即是每個國民都能擁有成為小創新家或企業家的自由。

現在日本政府所做的，就是「大政府」的概念，像是護送船隊一樣，努力不讓任何一艘船落在後頭，然而如此作法已無法再撐起經濟。

如果僅是拯救一間航空公司，或許政府還能夠做得到，但是政府終究沒有辦法拯救所有的產業。

現今日本的政府體制就宛如江戶幕府時代的「武士官僚體制」，所以最好使其瓦解會比較好。

雖然「官僚主義」的想法總是會浮現，但還是必須將其限縮在最小範圍之內。

官僚制度會破壞民主主義，這問題出現在共產主義當中。一個被官僚制度支配的政治，很容易出現專制政治。我想今後會持續冒出這類問題。

因此，我認為不久就會發生因為「媒體的崩解」、「官僚制度的崩解」，進而讓「戰後的政治局勢崩解」的情形。

在這層意義上，世界還會暫時持續不堪入目的混沌狀態。大型報社與電視台將會破產，政府單位會因為國民的不信任感而崩潰。至今政治家仰仗著政府運營政治，但今後就必須靠自己的發言做事，進而讓政局變得一場糊塗。不久將開始大規模的「排膿」。要讓惡膿全都排完，或許需要花上十年或二十年，所以今後日本將進入混沌的時期。

「富含政治與經濟原理的宗教」能重建時代

提問者B 您方才提到了在經濟上維護自由與機會平等的重要性。目前，除了日本，中國和伊朗也沒有自由與機會平等。君主制的沙烏地阿拉伯與泰國亦是如此。

在泰國，現今國民不僅對政權，對於國王也開始有所批判。若是我們想將「透過自由與機會平等實現經濟繁榮」的想法廣佈於全世界，您認為需要展開何種具體行動？

雅伊多隆 若是今年的狀況持續下去，世界經濟將會減速大約百分之三十到四十。當經濟整體萎縮至黑洞般的階段，所謂「實行撒錢政治的地方」、「政府完全承擔社會福利，導致怠惰的國民大量產生的地方」、「實行君主制或獨裁專制的地方」，即會面臨崩解的壓力。

在這層意義上，世間會開始出現「混沌」，但這也是人類必須經歷的過程，實在無可奈何。唯有如此，人類才會開始摸索重建社會的方式。

即使沒有爆發熱核戰爭，世間還是會出現諸多類似「因經濟戰爭而導致的崩解」、「由『知識霸權戰爭』而引發的崩解」，或者是「因喪失信仰之人所引起的崩解」等等事態，進而讓地球陷入「混沌」的狀態。在如此狀態的課題，即是「如何引導這般世界」，而這也是你們的課題。

因此，富含政治原理、經濟原理的宗教，必須去重建或提供解決方法，給那些基於未含這般原理的宗教所營運的國家、沒有抱持信仰進而崩解的國家。

不過，接收那些解決方法、可行想法之人，已經出現在這世上。若能將這些想法，轉換為具體的行動，人類即能進入重建的時代。

黃金時代是「崩解」與「重新建設」的時代

雅伊多隆　所謂「黃金時代」不盡然都是些好事，而是會伴隨崩解與失去，重新建設出新事物的時代。

至今人們認為理所當然的事物，不再是理所當然。

例如，以二次大戰前的日本來說，本來被視為理所當然的「天皇萬歲主義」，在敗戰後崩解。之後，日本便開始流行纖維、鋼鐵、汽車等產業。

而這些產業又反覆經歷盛衰興廢，所以各位現在所看到的世上最為繁榮的事物，都將會面臨崩解。

目前很賺錢的網路產業、遊戲產業，或許也將迎接下一波崩解。

人們必須思考，崩解之後迎來的局面是什麼。

若是像川普一樣的人，或許會說「與其在禮拜日看假新聞，還不如上教堂去吧」，因為此人認為「在教堂祈禱比較有意義」。總之，這些產業將出現很大的變化。

所以，幾乎所有時下最流行的事物，都將會邁入崩解。而在那過程中，宗教家和哲學家等新的思想家，將會出來引導眾人。

「科學萬能主義」的信仰即將崩解

提問者A

方才您有說到「擁有知識之人能坐擁最高權力」，但觀看現狀，日本國內的知識份子似乎已凋落，即便放眼世界，真實意義上的知識份子似乎也變少了。

所謂的「擁有知識之人」，有一種解釋是「此人有著眾多知識」，但我想請問「有著高品質知識之人」，要如何才能對這個社會有著影響力呢？

特別是，如何才能讓「佛法真理」、「擁有真理價值的事物」、「智慧」等等影響這個社會呢？

雅伊多隆

現今前往美國留學的日本人不斷減少，因為事實上，去美國留學所能得到的「知識的附加價值」已逐漸遞減。

此外，美國的哲學思想大多是「實用主義」，人們所學到的大多是帶來實際利益的學問。這些人回到了日本之後，有很大的比例都加入了「唯物論勢力」的行列。

人們普遍相信「科學萬能主義」、「醫學萬能主義」，但光是此次的新冠疫情，人們對於「醫學萬能主義」的信仰就大規模地崩解了。即便如此，有些人還是持續地相信技術科學是萬能的，並且認為那凌駕於所有其他知識、學問。對此，人們將會看到天變地異與宇宙介入的現象，進而逐漸理解，那些學問終究是在「砂地上蓋樓閣」。

無庸置疑的是，至今人們所信仰的「人造的事物」、「不依靠神所創造的事物」都將會崩解。眾人所堅信的「至少這一點是千真萬確的事物」也將會崩解，即使是迎來巔峰期的事物也同樣會陷入崩解。所以，各位要以如此觀點去看待一切事物。

不論是美國製、中國製、印度製還是俄國製，許多國家為了探索周邊宇宙，發射著非常多的火箭。但就我們來看，那些都僅是「小孩的紙飛機」一般的程度，是極為落後的技術。

人們在不久的未來，將會透過諸多現象體悟到這一點。

科學的未來存於「宗教」當中

提問者A　現今的科學技術若持續發展，應該會迎來人工智慧的社會，但這是否也同樣會面臨崩解的命運？

雅伊多隆　該怎麼說才好呢？從我們的世界來看，人工智慧就像是「雙陸」的棋盤遊戲一般。或許對你們而言那看似很先進，但我們老早在非常遙遠的過去，便已超越了那般技術。

例如，我們所搭乘的宇宙船，早就沒有在使用電腦，那是老古董的設備了（笑）。我們的宇宙船不是靠電腦驅動。這有點難以說明，我們是依靠「與生俱來的精神能量」以及「能感應那般能量的裝置」在宇宙飛行。

目前的人工智慧尚且無法製造出這樣的裝置，所以你們必須得超越這般科技。人類的精神能量其實是很高的，你們必須創造出能感應這般能量的裝置。坦白說，「科學的未來」不在當今的「科學」當中，而是在「宗教」當中。

因此，在你們所稱之為「覺悟」抑或「法力」的前方，其實就存在著「宇宙科學」。

7　混沌時代中的「一道光芒」

現今人類所需的「心的發現」與「靈魂的發現」

提問者C　因為時間快到了，我想請教最後一個問題。今天您教導了我們「至今流行的事物、受到眾人支持的事物都將會面臨崩解，往後十年、二十年將迎來一個混沌的時代」。

並且，您也提示了「現今活在地球的人們，必須根據各自的自由意志，選擇前方應走之路」的想法。能否請您賜教，人類應該如

雅伊多隆

何度過這般混沌的時代？

對於全體人類可以說的是，首先你們必須發現「心」的存在。你們必須發現「心位於自己的中心」。

甚至於，在發現「心」的同時，還必須發現「靈魂」。在地球上，雖然人們僅用「死後世界的幽靈」來看待靈魂，但「靈魂」其實有著無限的可能性。

靈魂既可以在靈界當中移動，也可顯現於世間當中，亦能夠在宇宙的異次元空間當中移動。靈魂有著如此不可思議的功能，若人類無法解開其奧祕的話，終究無法邁入未來的科學社會。

此外，方才沒有做到充分的說明，在你們身處的世界以外，還有一個稱之為「裏側宇宙」的世界。你們應該尚未理解這部分，但是現今地球上的混亂當中，有一些來自裏側宇宙的存在介入其中。對此，我們也在與其對戰之中。

也就是說，在你們眼所不見的世界當中，正發生著各種的對戰與競爭。若人們對此一無所知，那麼這些人就像過去相信天動說的人們一樣，認為「地球是一個平坦平面，宇宙、星星、太陽、月亮都圍著地球轉」。

雖然你們的想法都建立在自己能看得到、摸得到的世界上，但是現在已進入到必須要跨越如此價值觀的時代。

你們也必須認識到，能向人類指明邁入那般世界的入口的，即為現代的 Savior、救世主。

所以，即使現今繁榮的事物、人們堅信不疑的事物逐漸崩解，會令人感到傷悲，但與此同時，這也是創造嶄新事物的時期。希望各位能夠強烈地覺悟到「今後將開創嶄新的『創世紀』」。

將「救世主降臨」與其「教義」廣佈至全世界各個角落，即是弟子的使命

雅伊多隆

我們是可以引發任何事態的。不管是引發洪水、地震、海嘯、火山爆發、還是往地球砸隕石，我們什麼都能做到。若想要減少人口，我們甚至可以讓恐龍復活，只需要製造出那些現象就好了。若在地球上釋放許多如恐龍般的生物，那麼許多人類和動物都會

成為恐龍的食物。真的，無論什麼事我們都辦得到。你們必須知道，你們其實就像是動物園中的動物一般活著。

首先，為了斷絕你們「慢心的根源」，人們多少會經驗一些挫折、失敗與混亂。在那般狀況之下，幸福科學的使命即是要成為世間上的「一道光芒」，你們必須將這道光芒傳遍至全世界各個角落。

你們必須教導世人，「此地尚有著光明。就在此刻，光明依然閃耀。『太陽的時代』將持續下去」。將「救世主降臨」與其「教義」廣佈至全世界各個角落，即是弟子們的使命。

若僅是以經濟原理運作你們的組織，宛如像是在公司工作一般，那麼你們將無法完成使命。

當然，創造出各種組織是無所謂，但你們本來的使命，是要向全世界將近兩百個國家，傳達「救世主的降臨之事實」、「其教義骨幹」、「人類應邁向的未來」。你們必須教導眾人判斷真偽、正邪的方法，讓世人了解到救世主將何視為「真」、將何視為「偽」。

一切都是被大宇宙之愛所擁抱的「一個行星上的文明實驗」

提問者A 今天的主題是「With Savior」（與救世主同在）。我們知道此次救世主的降臨，並非是事隔三千年，而是睽違一億五千萬年的轉生。此次救世主的降臨，必定是擬定了很縝密的計畫。能否向您請教，關於這「救世主的計畫」，現在是處於何種階段，並且未來會變成怎樣？

雅伊多隆

你們對於時間的概念與我們相差甚大，所以我想我們是站在不同的土俵上對談。

雖然我們是「來自宇宙的外星人」，但實際上我們並沒有和你們活在同一個時間。我們既會飛到「過去的地球」，也能飛到那般「救世的時代」，只要設定某個時間，就能夠出現在各種時代觀看地球，我們也能出現在「未來」。

因此，地球上的時間概念對我們不適用。在過去「耶穌的時代」、「佛陀的時代」、「再更早以前的時代」，甚至「一萬年前的文明」，當時我們都進行了各種指導。我們現在亦能飛回到過去，亦能飛向未來。

希望你們能知道，這所有一切都是被大宇宙之愛所擁抱著，是銀河當中一個行星上的文明實驗。

現今出現在地球上的救世主，亦指導著其他銀河的彌賽亞

雅伊多隆

希望你們知道，即便我們跨越了時間軸，出現在各種地方，持續給予著你們影響，但現在地球上的救世主，縱使持有肉體時會有其極限，然而當他離開了肉體，在靈性上變成了宇宙存在時，他將會指導其他銀河當中擁有彌賽亞資格的人們。因此，我們是互

相給予影響的存在。

有時候我們也會持有肉體出現在地球上，但那終究是為了掌握「作為人類的感覺」，畢竟這個世間終究不是真正的世界。

你們必須知道，地球的彌賽亞，其實也是指導著其他行星和其他銀河系之人。我們現在正在觀察，此人所述說的教義最後講述到何種程度。

從宏大的觀點來看，你們不需要擔心未來，因為不論是過去還是未來，在各種地方其實已進行了各種模擬，也歷經過無數次的從零開始。

在過去地球文明上所發生的事，現在正在宇宙的某個星球上發生。而現在在某個星球上發生的事，亦會地球的未來中發生。

我們的工作，即是累積以宇宙規模所進行的文明實驗之結果，並將其轉換為「宇宙的智慧」。我們會將其記錄、維持，並加以研究，目的就是為了促進「宇宙整體的靈魂進化」。

提問者A 好。今天非常感謝您。

雅伊多隆 好。

8　揭露「大宇宙的祕密」即是我剩下的工作

大川隆法　（拍手一次）好，雅伊多隆，謝謝你（拍手一次）。

終究他和地球的靈魂略微不同。

對於這樣的人，過去我們老是拜託他去做各種小事，例如驅除教團內的生靈等等，不過他也是藉此進行著各種實驗吧。

要向人們傳達有「宇宙規模的存在」實在有點困難，教導眾人「宇宙存在不是虛構，而是確實存在」，並不是一件簡單之事。

我想他們會根據人類的成長程度，再評估顯現身姿的可能性。以現階段地球的程度，他們無法大方地現身與地球人進行交流，所以必須要再拉高地球整體的程度才行。

但是，在相對初期的階段，宇宙存在就已出現在地球上了。他們在當初《太陽之法》發行時就已出現，而這些終究是此次的教義難以忽略的內容。我想，向世人揭露大宇宙的祕密，即是我今後剩下的工作。

地球是一個實驗之地，我們必須更妥善地引導人們，況且地球的未來尚有著各種可能性。

方才雅伊多隆也有提到，「雖然現今在日本，有眾多人們認為學問與宗教，或科學與宗教是相互對立，但事實並非如此」。對於如此現狀，我想透過鑽頭想辦法加以鑽破。

以上就是今日的解讀（拍手一次）。

提問者A　謝謝您。

第二章

宇宙眼中的地球人

—雅伊多隆的靈言—

二〇二〇年八月二十四日
收錄於幸福科學 特別說法堂

〔提問者三位，分別以A．B．C標記〕

〈收錄靈言的背景〉

在二〇二〇年八月二十三日收錄「With Savior —與救世主同在—」（第一章）的翌日，雅伊多隆為補充其內容再度拜訪大川隆法總裁，進而收錄本靈言。

1　詢問雅伊多隆的工作與其真實樣貌

接續前日，再次收錄「雅伊多隆」的靈言

雅伊多隆　你們對外星人進行提問，一般不是都會想要知道外星人的樣貌或是在那星球上的生活嗎？

提問者A　我們提問者的確是在猶豫是否要問那些問題。

雅伊多隆　你們發問的方式，與對川普的守護靈發問的方式沒有什麼不同。縱然是緊急發行，但作為一本書來說，內容還不夠充足。

提問者A　那麼我們能詢問類似「您的身高有多高」這種問題嗎（笑）？

雅伊多隆　雖然你們拍攝了眾多宇宙幽浮的影片，但你們卻沒有問我一般大眾想知道的有關外星人或幽浮的問題。

提問者A　不過，從之前的幽浮靈性解讀，已得知許多關於您的資訊。

雅伊多隆　但是一般大眾並沒有完整接收到所有資訊。

提問者B　您是指初次聆聽的人會跟不上？

提問者A　也就是說，我們應該要向您詢問更多的問題？

雅伊多隆　總之呢，我覺得當時的提問者不夠格。

伊爾達星球上，依靈格的不同，職業有所相異

提問者A　那麼，容我們向您請教一些問題。

（大約沉默十秒鐘）您來自伊爾達星。在那個星球上，您從事著什麼樣的職業呢？

雅伊多隆　我相當於最高階級的「法官兼政治家」，裁判著善惡。

提問者A　簡單來說，您在伊爾達星從事政治相關的工作？

雅伊多隆　沒錯。

提問者A　伊爾達星所實行的制度，和現今地球上的民主主義是否有所不同呢？您們是採取什麼樣的政治呢？

雅伊多隆　這個嘛，依照人們的靈格，其職業就會有所差異。

提問者A　依照靈格的不同，職業就有所不同？

雅伊多隆　嗯。

提問者A　那麼，大家都知道自己的靈格是何種程度嗎？

雅伊多隆　在某種意義上，所謂的「民主主義」，其前提是「每個人都是盲目」的，那是一種「盲人的投票」。你們是在不知道候選人是什麼樣的人、也看不到世間以外的事物、不知道「此人在靈魂上是何種存在」的狀況下投票。在這部分，我們與你們有所差異。

提問者A　梅塔多隆※也曾說過，在他的星球上，轉生到世間之後，生前的記憶並不會被抹消。每一個人都在一定程度上，能自覺「自己是何種靈魂」以及「自己是否是天使」。伊爾達星也是如此嗎？

雅伊多隆　在這地球上，譬如，被惡魔所附身的人也能成為最高階級的政治家、官僚，或是成為軍人、警察、大學教授、電視主持人、經營者等等。但在我們的星球上，人們的「靈性位置」會被顯示出來，在如此前提下，藉此選出每個人從

※ **梅塔多隆**　支援幸福科學的外星人，也是光明之神之一。他亦是耶穌．基督的宇宙之魂（阿莫爾〔Amor〕）的一部分。詳細資料請參照《梅塔多隆的靈言》（幸福科學出版發行）。

事的職業。

這不代表每個人的職業天生就被決定，而是觀察此人「與生俱來的潛力」、「至今透過修行與工作所獲得的靈性狀態、狀況」，考量此人所有的資訊之後，再分配給此人適切的職業。

現在地球上的作法是，在眾人皆不知道投票對象是好是壞的情況下，賦予政治家們權力。這就像是耶穌．基督所說的「盲目之人在引導盲目的人群」的狀況，我們的星球並沒有進行如此的民主主義。

提問者A　那麼，人們在某種程度上都知道「自己處於何種程度的心境」嗎？

雅伊多隆　對，知道。

提問者A　昨天您曾提到，您們是透過「覺悟」，或者是說「心念的力量」讓幽浮飛行。終究就像操作幽浮的方式一樣，您的星球上的人們都相當地有靈性啊！

雅伊多隆　其實幸福科學也揭露了次元構造以及各種轉生輪迴的真相，但在這世間，人們尚未將其體現出來。

提問者A　再加上，人們會被「在今世的自己的心境」影響。

雅伊多隆　我們還有所謂「掃描心靈」的技術。

提問者A　掃描心靈？

雅伊多隆　對，這就如同你們的X光或電腦斷層掃描一樣。只要讓人通過這些裝置，便能知道此人「出身於哪一層的靈界」、「現在的心境」、「至今的附身軌跡」，以及「此人在高級靈的陪同下創造了多少實際成績」，所有資訊都一覽無遺。

地球雖具多樣性，卻無法區分靈魂的高低

提問者B　在地球上，人類會忘記生前的記憶以及靈魂的出身，進而轉生到世間。在您看來，如此作法是否略為原始呢？

雅伊多隆　不，那是一種文明實驗，我覺得這也是一種作法。在彼此不知情的狀況下，在那般「民主主義的實驗」當中，人們被測試著能否找出真實、能否判斷大眾所說的是否正確。若是做了不正確的判斷，那麼人們自己將會遭受其害。

提問者B　原來如此。

雅伊多隆　此外，人們也常常誤判擁有媒體權力之人是否正確。若判斷錯誤，人們也同樣會自食惡果。

提問者A　也就是說，選擇的一方需要具備「能看透他人真面目」的眼光，這也算是一種考驗。

雅伊多隆　嗯，沒錯。

此外，以藝人為例，有些藝人能讓好幾萬的粉絲們沸騰，願意掏出一萬元日幣來參加演唱會。好比有些歌手就像天女、天使一般，

※ **畫皮**　中國清朝時期的怪譚《聊齋志異》（蒲松齡著）之其中一篇。當中出現了披上人皮化為美女的妖怪（妖魔）。幸福科學於2021年製作了電影「美麗的誘惑－現代的『畫皮』－」（製作總監・原作 大川隆法）。

但有些歌手卻只像是披上了「畫皮」※。我想人們是無法判別兩者的差異。

提問者A 的確，我們目前沒有方法可以加以區別。

雅伊多隆 即便地球頗具多樣性，但靈魂的高下，卻無法加以區分。主要原因，終究是因為宗教性的價值觀變得非常地劣化。

此外，關於政治，儘管幸福科學持續向外發聲，但人們無法理解何為天使、何為惡魔。反倒是，只要宗教對政治有任何的發言，很多人便會產生負面的想法。

正因如此，由於人們政教分離的制度是對的，所以除非有什麼事件發生，媒體便不會特別去報導宗教牽涉的政治活動。換言之，報導其實並沒有被公平地施行。

「所有宗教都是邪惡的」，如此見解當然是個明顯的錯誤，但是至今尚無任何人從學問的角度，對此加以驗證。

雅伊多隆的真正樣貌

提問者A　不好意思。起初※您出現的時候，提到您自己是「爬蟲類型外星人」※。本

※ **起初**　2018年8月4日，乘著幽浮的雅伊多隆出現於群馬縣天空上，表示自己為爬蟲類型外星人，並會對無信仰之人施予天變地異與懲罰。參照《幽浮解讀Ⅰ》（幸福科學出版發行）。

※ **爬蟲類型外星人**　擁有爬蟲類性質之外星人的總稱。重視力量，普遍具備著攻擊性與侵略性。據說擁有先進的科學技術。參照《外星接觸》（幸福科學出版發行）。

會當中有很多人認為，握有那般先進科學技術的人們，是不可能有那麼高的覺悟的。對此，您有什麼看法嗎？

雅伊多隆 我們可以根據不同的工作改變外貌，並非一定只侷限於某一個樣貌。

提問者A 那麼，就像織女星的人們一樣※，其他星球的人們也可以改變樣貌嗎？

雅伊多隆 畢竟，我們需要在宇宙中飛行遙遠的距離才

※ **就像織女星的人們一樣**　指住在織女星系的外星人，能依照對方自由地改變自身樣貌。擁有男性、女性、中性之三種性別，並擁有高度科學技術及「痊癒力量」等等。參照《外星接觸》（幸福科學出版發行）。

能到此地，所以我們是不可能用像你們那般「地球上的肉體」來飛行。

提問者A　是因為要穿過靈界嗎？

雅伊多隆　我們既是靈體，亦能變化為肉體。雖然現在我正講著靈言，但其實我是靈體，也是肉體；既是肉體，也是靈體。

提問者A　本會當中有很多人對爬蟲類型外星人有所輕蔑。而對您，我想許多人應該也是抱持著相同看法。

雅伊多隆 那只是為了對抗惡勢力，所展現出來的「戰鬥模式」姿態。

提問者A 原來如此。

提問者B 您的意思是，您未必是那般會吃人的爬蟲類型的種族？

雅伊多隆 我們並沒有寄宿在爬蟲類的身體內。

我們只是依照你們的喜好，或者必要的姿態自由變化。比如說，若你（提問者A）最近很喜歡能降雷的鬼，那麼我們也會配合你，漸漸地看起來像隻鬼。但是與其他人接觸時，我們又會配合對方，改變自己的樣貌。

提問者B　請問您頭上有長角嗎？之前請教您的時候……。

提問者A　您曾提過您有兩隻角。

雅伊多隆　這麼一說，你們又會開始被這般外貌侷限，陷入不解的狀態。

提問者A　的確。

我現在所做的是「正義」與「裁判」相關的工作

提問者A　但起初我們都對您只有那般爬蟲類型的印象，所以我們都不太清楚您是何方神聖。

雅伊多隆 簡單來說，我現在就是著力於「正義」與「裁判」相關的工作。「判定何為地球上的正義，應該給予何種懲罰」，即是我目前的工作。

提問者A 您如此保護著愛爾康大靈，想必您們是有所關係。我們該如何理解您與愛爾康大靈的關係呢？

雅伊多隆 嗯…，我曾在「養成彌賽亞之星」，接受過愛爾康大靈的指導。

提問者A 那個星球是……？

雅伊多隆　是一個你們沒聽說過的星球。

提問者A　是至今未曾提及過的星球嗎？

雅伊多隆　若你們沒有具備超越物理時空的力量，我想我再怎麼說，你們恐怕也無法理解。

提問者A　這和R・A・高爾※的星球（小熊座・安達魯西亞β星），同樣被稱為「養成彌賽亞之星」有什麼關連性嗎？

※ **R・A・高爾**　支援幸福科學的外星人之一。宇宙防衛軍的指揮官之一，並擁有彌賽亞（救世主）的資格。參照《「幽浮解讀」寫真集》（幸福科學出版發行）。

雅伊多隆　你們都是以「星球」的概念去加以認識，所以我實在沒有辦法解釋。畢竟我們眼中的宇宙與你們看到的有所不同。

你們或許只看到零散地分布於夜空中的閃耀星星，這就是你們看見的世界，但我們所看到的與此截然不同。

提問者A　您們是如何看的呢？

雅伊多隆　對我們而言，那夜空中展開著「另一個世界」。

提問者C　那是不是指幸福科學的教義中所說的「銀河意識」或「宇宙意識」呢？還是說，我們對於世界的認知有根本上的程度落差？

雅伊多隆　嗯，其實像這種形容方式本身就很落後。

提問者C　原來這樣的形容也過於「人類化」呀。

提問者A　我們地球人會有到達外星人程度的那一天嗎？

雅伊多隆　只要你們還有著「讓肉體搭乘火箭即能飛向宇宙」的想法，那麼你們的世界終究與我們不一樣。

2 從宇宙的觀點所見之「地球人的認識力」

雅伊多隆如何比喻與地球人溝通的辛苦？

提問者A 總裁先生在昨天錄完靈言之後顯得非常疲倦，這是因為您的想法與地球人有所乖離嗎？

雅伊多隆 噢不，這……。

提問者A 我們是不是還是無法理解您所說的話呢……？

雅伊多隆 跟你們溝通的難度，就像是哥倫布抵達西印度群島時，與當地人溝通一樣地辛苦。

提問者C 也就是說差距實在太大。

雅伊多隆 實在是很辛苦呀。

提問者A 我們身為聆聽者也是難以理解……。那感覺是不是就像是日本神道當中所說的「天孫降臨」呢？

雅伊多隆 沒有，與那無關。

提問者A 原來沒有關係。好（笑）。

雅伊多隆 畢竟他們是「用肉體降臨」，程度還要比我們再低一些。

提問者B 之前您有提過，在您所搭乘的宇宙船裡可以瞬間洗完澡。請問這是指您處於肉體狀態的時候嗎？

雅伊多隆 唉……（嘆氣）。跟你們溝通實在很累。

提問者B　不好意思（笑）。因為您有時會講到很具體的內容，那些是不是都是為了讓我們容易理解所說的呢？

提問者A　終究您是為了我們地球人能夠理解，才會那樣形容對吧？但現在您是不是感覺到「要一直用這種程度來對話嗎」？

雅伊多隆　對我來說，你們所問的正義的問題，聽起來宛如是在問我「即使截斷了蜥蜴的尾巴，反正還是能照樣長回來，所以是否沒有問題」一樣。

提問者A　「即使截斷了蜥蜴的尾巴，反正還是能照樣長回來，所以沒什麼問題」？

雅伊多隆　也就是說，從我聽來，你們就像是在問我「傷害罪會成立嗎」一樣。

提問者A　您的意思是，我們的認知程度太弱？

雅伊多隆　唉……（嘆氣）。

提問者C　您的意思是「我們一直在講一些無關緊要的事」嗎？

雅伊多隆 簡單來說，就是若不用你們的生活來做比喻，你們便無法理解我所說的內容。

提問者A 啊，也就是說我們無法理解您的概念的意思。

雅伊多隆 嗯。

地球人與外星人對「肉體與靈體」的認知截然不同

雅伊多隆 （大約沉默五秒鐘）你們乾脆去看U-NEXT（日本的影集串流平台）的「史前一萬年」好了。那就是你們現在的模樣。

提問者A（笑）那是一部描繪著原始人世界的電影。

雅伊多隆　我們為了讓你們能理解，也只能將就變身為長毛象。

提問者B　至今，除了提問者A以外，您幾乎沒有和其他人對談過。過去有一次，公開收錄您的靈言時，您似乎對提問者感到一些不滿。所以我想太過於一般的提問者，或許無法與您對話。

提問者A　我的程度也是完全不行啊！我們與您之間的觀點實在是相差太遠。我們有時候也會被天上界的高級靈責罵，但與那相比，我們與您之間的認知差異，想必還要來得更大吧！

雅伊多隆　你們認為所謂的靈魂，是從肉體所脫離出來的存在，對吧？

提問者A　沒錯。

雅伊多隆　然後，你們又認為靈魂在轉生之際，是會寄宿在肉體當中，對吧？

提問者A　對。

雅伊多隆　我們並不是那樣的認知。

提問者A 您想說的是，從根本上，我們就是靈性存在嗎？

雅伊多隆 你們必須克服肉體與靈體的二分法思維。否則你們無法像我們一樣，從遙遠的幾百光年、幾百萬光年之外飛行而來。

提問者A 有一次我問阿爾發，「那是以靈體為前提，還是以肉體為前提」的問題，他回答「兩者皆是」。我們當時不太能理解，但現在能理解他指的就是您現今所說的概念。

雅伊多隆 阿爾發呀……，你說得也對啦。但那應該是用了「翻譯蒟蒻」（哆拉A夢的道具之一）之後的說法。

提問者A　翻譯蒟蒻？

雅伊多隆　對，翻譯蒟蒻翻譯出來之後，就是阿爾發。

提問者A　……您的意思是？

雅伊多隆　也就是說，為了能讓你們理解……。

提問者A　才如此說明的意思？

雅伊多隆　對，那只不過是在講述造物主的話語。

提問者B　過去的地球，曾有過靈界與世間混合在一起的時代吧？

提問者A　對，當這兩個世界還合而為一的時候。

「從伊爾達星分道揚鑣的人們」居住於地球上的理由

提問者A　您剛剛有提到伊爾達星的政治（選舉）制度。請問那制度是從我們地球的制度作為出發點，進而發展出來的嗎？還是是由神所創造出來的呢？

雅伊多隆　我說啊……。你們還是快點去看「史前一萬年」吧！

提問者B　我記得自從盧西弗墮入地獄之後，世間與靈界便明確地被分隔……。

雅伊多隆　其實也並不是那樣。

提問者B　不是那樣？（笑）那就表示這也只是一種方便的講法而已……。

提問者A　伊爾達星的人們是未經過任何進化過程，打從一開始便處在那般高度嗎？他們從一開始就擁有靈性之眼嗎？

雅伊多隆　其實這部分與電影「超人」開場的情節，有很相似的部分。

當時，我們的星球在某種程度上已不適合居住，所以有些人便離開了。畢竟有時候意見還是會分歧。

提問者A　是。

雅伊多隆　我們會派遣與我們不合的人們，或者是說放逐到其他星球上。

提問者A　那是擁有什麼樣價值觀的人們呢？

雅伊多隆　唉……（嘆氣）。趕快去看「史前一萬年」吧！

提問者A　出現爭執，就代表價值觀有所差異吧？

雅伊多隆　對……。唉……（嘆氣）。

提問者B　之前我們曾聽說，役小角※（的宇宙時代的靈魂）被伊爾達星放逐之後，來到了地球。

提問者A　對，當時的講法是說，「役小角被送往地球」。

雅伊多隆　這件事應該已超越了役小角本人的認知。

※ **役小角**　參照《魔法與咒術的可能性－魔法師梅林、雅伊多隆、役小角的靈言－》

提問者A　啊，您的意思是役小角並不知道他被放逐的理由。

雅伊多隆　他只不過是一千兩百年前的人。（大約沉默五秒鐘）已經都那麼久的事了，沒必要再提了吧！我想就連他自己都不記得了吧！

提問者A　但是，總裁先生的教義說，神創造了一個機制，讓人在輪迴轉生的時候，忘卻過去所有的記憶。從根本上，伊爾達星的機制是不是與地球的機制有所不同呢？

雅伊多隆　呼……（嘆氣）。與你們的世界相比，我們的世界存在於更遙遠的未來。身處在這未來的世界，若是再更上一層，就是一個不會有任何進化的世界。

於是，此時就有人會想要再一次回到原始人的時代。

提問者A　所以，地球就作為一個必要的靈魂修行之地？

雅伊多隆　沒錯。

提問者A　只有想要變回到原始人之人才會來到地球嗎？

雅伊多隆　對，想再次重新來過的人才會來。

提問者A　那麼，不想要重新來過的人會做什麼呢？

雅伊多隆　不想重新來過的人不會來地球。

提問者A　啊，他們只是（搭乘幽浮）從上面觀看地球嗎？

雅伊多隆　他們不會轉生為地球人。

提問者A　但自己的星球會毀滅嗎？

雅伊多隆　他們會去觀察紀錄各個地方所進行的文明實驗。

提問者A　那麼，他們就是我們所看到的搭乘著幽浮的人們？

雅伊多隆　一部分是這樣沒錯。

提問者A　之前曾聽說，來自仙女座的外星人，消滅了麥哲倫星雲當中的爬蟲類外星人的行星齊塔星。另一方面，伊爾達星則是成功地防衛……。

雅伊多隆　嗯。這內容已進入「科幻的世界」，比較難以解釋，我也不想對此深談。

提問者A　原來如此。

「對機械『皈依』即是人類進步的證明」，如此想法實在悲哀

雅伊多隆　啊……（嘆氣）。很落後……，地球真的很落後。

提問者A　昨天您講述了靈言之後，想必是很感嘆於地球是如此落後。觀看現在的新冠疫情，地球仍在想著如何「與病毒同在」，絲毫沒有察覺到自己應察覺的真相。人們無視於中國的惡行惡狀，盡是想著如何熬過如此局面。對此，我想您肯定感到很疲倦。

雅伊多隆　嗯，你這麼說……。

提問者A　比您預期得還要更落後嗎？

雅伊多隆　嗯。唉……（嘆氣）。再這樣下去，大川隆法的努力也等於是「揮空棒」。這地球的進化實在是很困難。

提問者A　在新冠疫情的狀況下，人們本該走向更靈性的方向，或在此時呼喊神的名字。但在整體上，人們卻往「完全相反」的方向前進。

雅伊多隆　唉……（嘆氣）。

提問者A　您認為地球人已無藥可救了嗎？

雅伊多隆　你們連習近平的所作所為，都無法正確判別那與古代的野蠻人有無差異。

提問者A　是啊！如您昨天所言，越是知識份子就越是無法正確地判斷。

雅伊多隆　實在是很愚蠢。

提問者A　並且，他們反將川普視為愚蠢之人。

提問者C　地球人認為有「發展性」的，皆是愚蠢又通往崩解的事物。

提問者A　是啊！人類正往「完全相反」的方向發展。

雅伊多隆　人們認為，往「唯物論、無神論、不可知論、科學技術」的世界前進，即可證明自己有所進步。人們認為對機械「皈依」，即證明了人類有所進步，這實在是令人感到悲哀。

在來到地球以前，人們明明早就經驗過那般文明。我不禁感嘆，都已經來地球這麼長久的時間，怎麼還停留在如此階段。

提問者A　還有其他像我們如此落後的星球嗎？

雅伊多隆　那當然有。

提問者A　原來，也還是有的啊！

雅伊多隆　宇宙當中也有一些星球，存在著比地球還更原始的生物。但區區一個「蝙蝠的病毒」就能讓整個地球變得……，該怎麼說才好呢，地球陷入如此被威脅的狀態，對我們來說，實在是有點難以置信。

對「無法理解的人傳達教義」的辛苦

提問者A　我認為不論是您、R・A・高爾、梅塔多隆，都對於善惡之分有著非常透徹的理解。這般價值觀終究是與「覺悟」有所關連嗎？

雅伊多隆　沒錯。「覺悟」當中也包含了「科學」。所謂的覺悟，即是「知真理」、「知真實」。

提問者A　您的意思是，只要知道了真理、創造主的存在、自己是被神所創造的事實，就能開始看到「何謂善」、「何謂惡」。

雅伊多隆　我想你剛才在觀看美國最新公開的幽浮影像。美軍在聖地牙哥的近海進行航母訓練時，出現了幽浮。那幽浮在那這海域上空自由地移動，人們卻對此束手無策，沒錯吧？

提問者A　對（提問者注：在進行此靈言前，正要開始觀看紀錄片「不明飛行物——美國幽浮調查內幕」）。

雅伊多隆　幽浮其實就是那樣的飛行物。坦白說，對我們而言，地球上的軍事裝備、噴射機都像是螞蟻一般。我們之間有如此大的落差，不僅僅是言語上，概念上也有相當大的落差，實在是難以溝通。

提問者A 原來如此。

雅伊多隆 但至少，人們似乎能理解自己是束手無策的。

提問者A 當時，目擊到幽浮的人們皆異口同聲地說「那神祕的物體沒有翅膀」。地球人對於幽浮如何飛行感到疑問……。

雅伊多隆 沒有翅膀。

提問者A 沒有翅膀、沒有窗戶。

雅伊多隆 也沒有釋放熱能。

提問者A 對。

雅伊多隆 沒有窗戶。能移動到任何方向。一旦加速了，還能在一瞬間移動相當遠的距離。

提問者A （從幽浮的移動來推算）據說時速能達六千公里。

雅伊多隆 人類肯定無法待在那幽浮裡面。人類對這一切一無所知，完全無法理解。

提問者A　的確是一無所知的感覺。

雅伊多隆　人類對這一切皆一無所知。

即便如此，我也覺得人類很可憐，感到有點同情。同時，我希望你們也能多少理解「對無法理解的人傳達教義」的辛苦。

提問者A　昨天講述靈言之後，想必您一整晚都背負了那般辛苦吧？

提問者C　非常抱歉（提問者C亦是前一天靈言〔第一章〕的提問者）。

提問者A　很抱歉。

雅伊多隆　這就有一點像是你們要對鍬形蟲說教一樣。

提問者AC　（笑）。

提問者B　過去，在公開收錄靈言的時候，織女星的主神赫姆※曾降臨過。當時，他也似乎沒有想要與提問者對談的意思。

提問者A　的確是這樣（苦笑）。

提問者B　他幾乎沒有正面回答我的問題（苦笑）。

雅伊多隆　真是可憐啊！要在地球當救世主實在是很辛苦，真的很辛苦。

提問者A　更甚至，現在還有一些人無法理解赫姆（認為他還要更落後）。但從赫姆來看，地球才是非常落後的文明。

雅伊多隆　唉……。

※ **赫姆**　與愛爾康大靈的本體有所連結，織女星的至高神存在的主神赫姆曾說過：「我是被隱藏起來的存在」、「我無法理解地球人的想法」等內容。參照2018年11月12日收錄之「織女星的主神 赫姆的靈言」。

對地球的「原始性」感到疲倦

提問者A　愛爾康大靈是如何稱呼您呢？稱您「雅伊多隆」嗎？

雅伊多隆　現在他都是這麼叫我沒錯。愛爾康大靈也真的不用再……。

提問者A　不用再管地球的意思？

雅伊多隆　應該是說，我開始對身處於地球的愛爾康大靈感到可憐。真的是個非常不自由的世界……。

提問者A 的確是。

雅伊多隆 真的很可憐。

提問者A 即便他付出了這麼多，人類仍舊不予理會。

雅伊多隆 實在是完全不行啊！

如果是一個更霸道的人，就會像懲罰古代人一樣，對不聽話的人施予懲罰。但我們對於現狀也感到很無力，真是無話可說。

你們真正需要的是像鬼一般的存在，讓鬼拿著鐵棒，往那思想有誤的腦袋敲下去。

提問者A　從程度上來看，就像日本古代的故事，我們確實還處在需要鬼的程度。就算是到了現代，仍舊必須對眾人說「若只想到自己，便會發生壞事喔」、「如果太貪心，便會發生壞事喔」。

提問者C　是啊！感覺現在還有很多人，連這般基本原則都沒有辦法遵守。

雅伊多隆　我不太確定人類到底是在進化，還是在退化。

而且，人們不思遵守道德規範，以提高自身的文明。先前在另一個靈言中※，我對付了一位靈人，他說著「只要持續唱誦『南無阿彌陀佛』，做什麼都無所謂」，如此想法還那麼廣佈於這世界當中，對於這般「原始性」，我已不知該如何形容。

提問者A　啊……。

雅伊多隆　你們實在是很原始，實在是有點累。

※ **先前在另一個靈言中**　2020年8月21日收錄之「淨土宗的問題所在－祐天上人／雅伊多隆的靈言－」當中，祐天上人之靈說著「只要呼喊南無阿彌陀佛，就能得拯救」，並遲遲賴在世間不願離開，對此，雅伊多隆將其擊退。

3 伊爾達星與裏側宇宙

換作是伊爾達星，便能在一秒之間「殺菌」解決冠狀病毒

提問者A　我想轉換一下話題。請問您是來自伊爾達星嗎？這樣的認知沒錯吧？

雅伊多隆　就姑且那樣設想吧。

提問者A 您應該是更有歷史的存在？

雅伊多隆 我無法向你們展示宇宙的示意圖，你們真的沒有辦法理解。畢竟，一個連靈魂都沒有的病毒都能殺了這麼多人，實在是難以置信。

提問者A 若冠狀病毒在伊爾達星上發生，您們會如何面對呢？

雅伊多隆 用一秒便能解決。

提問者A 用什麼方式？

雅伊多隆 就是「殺菌」。

提問者A 一般地球人聽了您這句話，應該會認為「因為您們有先進的科學技術，所以也能有這般殺菌的藥」。但您應該不是這個意思？

雅伊多隆 本來這些病毒就無法進入我們人類型的外星人體內，增殖複製，侵入肺內，致我們於死地。它們無法經過這般過程，因為它們根本進不到我們體內。

提問者A 您是說，每一個人都能區分自己與病毒的……？

雅伊多隆　病毒是個比生物還要低階的存在。

提問者A　連人體內都無法侵入？

雅伊多隆　換句話說，這其實與被附身的狀況很類似。這就好比人類是一個堆肥，正處於養殖著蚯蚓的狀態，實在是難以置信。

提問者B　那麼，病毒都無法進入伊爾達星的人體內嗎？

提問者C　不像地球人一樣在體內養殖這些病毒？

雅伊多隆　「病毒在人類體內中增殖並擴散」這種事，與人們在一百年前所想像之外星人侵略的方式有相同之處。但病毒本身有沒有靈魂，都很令人懷疑。

總之，對於如此程度的病毒，竟能在地球上擴散到如此程度，我們實在感到很驚訝。

提問者A　您的意思是「地球人怎麼連病毒都不能察覺」？

雅伊多隆　你們竟然會被這些事物附身或殺害。

提問者B　那麼，伊爾達星人都不會罹患流感或感冒嗎？

雅伊多隆　低階的事物或許可以作為低階的事物而存在，但它們無法侵犯高階的存在。

提問者A　啊，您是說因為波長過於不同，所以您們根本無法被病毒所附身。

雅伊多隆　觀看每一天的新聞，讓我感覺到人類似乎要淪為病毒的僕人一樣。病毒還比較強勢，宛如它們可能會變成神一樣。

提問者A　的確是。

雅伊多隆　從我們來看，這實在是愚蠢至極，已無話可說。

我們是生命的起始。我們未曾死過，是永恆的生命

提問者A　那麼，您們也沒有癌症嗎？

雅伊多隆　唉……（大力嘆氣）。有些時候，我們的確必須終止在這世間的靈魂修行。

提問者A　但您有說過，在伊爾達星上，肉體與靈體是沒有區別的。

提問者B 在死去之前，不會罹患疾病嗎？

雅伊多隆 對我們來說，我們不太能理解所謂「死去」的定義。

提問者A 也就是說，您們是以現在的狀態存在嗎？

提問者B 會升級為靈體，好比升上更高的次元嗎？

雅伊多隆 我沒有壽命，是無限的。

我擁有你們都無法回溯的悠久記憶，因為我的生命是永恆的。

提問者A 請容我從地球人的一般角度來提問。若您是永生的，如果結婚了，也會與另一半永生相伴嗎？

雅伊多隆 唉……（嘆氣）。

提問者AB （笑）。

提問者A 我想說乾脆都問看看，因為一般地球人會有這樣的疑問。

雅伊多隆 唉……（嘆氣），我們是生命的起始。

提問者A 生命的起始？

雅伊多隆 對。我們沒有經歷過死亡。我們或許有改變過樣貌，但是從來沒有死過，我們是永恆的存在。

提問者B 但我們之前有從您口中聽說，您是有伴侶的。

雅伊多隆 那只是為了文明，為了方便起見。

提問者A 啊，原來是這樣。您的意思是，雖然您是永生的，但在伊爾達星上還是會經歷不同的文明。

雅伊多隆 依照不同的文明，我們有時會改變自己的樣貌。

提問者B 那麼伴侶也會一直更換嗎？

雅伊多隆 就不要再問這種……。

提問者A 從我們的角度思考，確實會萌生這樣的疑問。

提問者B 並不是只有一位伴侶嗎？

雅伊多隆 這種伴侶的事，不要再……。

提問者A　您有孩子嗎？

雅伊多隆　程度實在是很低……。

提問者A　之前，您有提到您有父母親。

雅伊多隆　啊……對，有必要的話可以這麼做。

提問者A　（笑）不好意思。

雅伊多隆　例如，如果沒有其他方式可以建立關係，那麼我們便會那麼做。

提問者A　啊，您是指與其他星球的人。

雅伊多隆　對。對於只能那般理解的人，我們會以那樣的形式出現。

對愛爾康大靈來說，宇宙就像是一顆小肥皂泡泡一樣

提問者A　您是從愛爾康大靈所分光出來的嗎？

雅伊多隆　嗯……。如果按照愛爾康大靈的認知，你所看見的整片暗黑宇宙都僅是一顆小肥皂泡泡、一顆小細胞一般。但你們還無法理解你們所身處的世界，屬於宇宙的哪一個部分、哪一顆細胞。

提問者A　之前，您有說過，伊爾達星亦有稱之為「麥翠」（Maitrey）的女性救世主的存在。

雅伊多隆　嗯，那是……。

提問者B　一種講法而已嗎？

雅伊多隆　我們星球的高等居民，只要去了其他星球，大家都是救世主。

提問者A　在伊爾達星上，愛爾康大靈是怎麼被稱呼的呢？

雅伊多隆　嗯？

提問者A　也就是所謂創造主的存在。在地球上尊稱為「愛爾康大靈」。

雅伊多隆　我們稱他為「地球的人」。

提問者A　啊，因為您們認為他去了地球。

雅伊多隆　因為他現在被地球所束縛著，必須對整個地球負責。

提問者A　愛爾康大靈有在伊爾達星待過嗎？

雅伊多隆　有。唉……（嘆氣）。他應該快點畢業才對。

提問者A　從地球畢業嗎？

雅伊多隆　或許他早該從這種宇宙畢業。

從你們來看，我們或許是個能伸縮自如，又能憑空出現或消失的難以理解的存在。然而，其實我們現在能如此現身、與如同人類的生物對談、活動、取食、補給水分，就相當於你們持有肉體轉生於世間的概念。

提問者B　與其說「愛爾康大靈何時來到地球」，正確的說法應該是「愛爾康大靈同時存在於宇宙中的各種星球上」吧。

提問者A 原來如此。

雅伊多隆 解釋起來真的有點麻煩，你們要不要乾脆把祂當作是「南無阿彌陀佛」還比較快？

提問者AB （笑）。

「暗黑宇宙」的根源亦是人類陰暗部分的「創造主」

提問者A　此外，宇宙裡也有所謂的「暗黑宇宙」對嗎？

雅伊多隆　對。

提問者A　暗黑宇宙也是在途中被創造出來的嗎？

雅伊多隆　不，宇宙就像是一個細胞，有很多種細胞。有一些存在會侵蝕這些細胞。也就是說，雖然細胞與細胞之間是透過「愛的力量」連結在一起，但有些存在會蓄意破壞這部分。

提問者A 雖然這麼說可能有點奇怪，但是神是否也是允許並創造出了這些「破壞性的能量體」呢？還是說，那些能量本來是不存在的，卻在途中因某種作用而產生出來呢？

雅伊多隆 唉……（嘆氣）。簡單來說，你們平日心中所出現的「陰暗的部分」，那部分背後其實存在著「創造主」。

提問者A 啊，原來如此。也就是說，眾人所釋放的惡性情緒，會形成那般暗黑能量。

雅伊多隆 一天下來，人們會產生各種情緒。例如，生氣、發怒、嫉妒，或因為飢餓而憤怒，又或者因為疲累而癱倒在地等等。這些情緒其實都有著同樣的根源，都是來自於黑暗宇宙。

提問者A　那麼，這些心念是地球人與外星人創造出來的嗎？

雅伊多隆　不，並非來自地球人與外星人。

提問者A　不是我們創造出來的？

雅伊多隆　不是。那些惡性心念有其創造主，它們只是侵入了你們而已。

提問者A　那麼這就表示，這個世界是由（光明與黑暗的）「二元論」所構成？

提問者C　從您方才所說的，聽起來似乎是有創造惡性部分的存在……。

雅伊多隆　僅靠「光」，是無法構成宇宙的。

提問者A　那麼，惡勢力的一方也有所謂的「創造主」嗎？

雅伊多隆　唉……。當光明與黑暗相撞時，產生出來的衝擊波，便會創造出那般暗黑存在。

提問者B　那麼，我們靈魂中既有「光明的部分」也有「黑暗的部分」。是這樣嗎？

雅伊多隆　沒錯。

提問者A　那就彷彿是日本動畫片「妖怪人間貝姆」一樣。

雅伊多隆　對，就像那樣。

提問者A　那部動畫的發想，是出自於「因為有善有惡，人才能被稱之為人」的觀點。

雅伊多隆 沒錯。

提問者A 所以我們人類亦是這樣？

雅伊多隆 光明與黑暗總是在拉扯。

提問者C 那麼，若人類心中的「惡」的部分擴大了，就會引發顛覆價值觀的危機……。

雅伊多隆 沒錯。我們的工作即是在快要被顛覆之時，再次取回平衡。

4　關於雅伊多隆的任務與幽浮

雅伊多隆與摩西和雅威的關係

提問者A　不好意思，我知道這是一個很瑣碎的問題。有一些人依然對您抱持著「吃著阿尼瑪（Anima）※過活的爬蟲類型外星人」的印象……。

※ **阿尼瑪**　指生物的靈魂。於2018年10月21日收錄之「幽浮解讀（Mr.R②、雅伊多隆④、海豚座Indore星）」當中，雅伊多隆曾講述過可以用「累積阿尼瑪」的方式，將其作為生活能量使用。

雅伊多隆 你餓了也會吃牛排蓋飯吧。

提問者A 嗯對。人類也會吃東西，所以您也會做出相同型態的事嗎？

雅伊多隆 這個呀，如果不吸收點這世間性質的要素，我便無法在這世間中存在。

提問者A 啊。所以您在地球上空搭乘著幽浮的時候，還是會變成這世間的樣貌？

雅伊多隆 姑且是這樣沒錯。

提問者A　您與摩西有什麼關係嗎？

雅伊多隆　我或多或少曾出現在他的時代。

提問者A　那麼，您和摩西本身並沒有關係？

雅伊多隆　應該是說，我就像是引導摩西的「火焰之柱」一般的存在。

提問者A　您一開始降臨於幸福科學的時候，我記得您曾說過雅威也與那個星球有所關聯。

雅伊多隆 那只是為了讓你們理解才如此說而已。對你們說明的時候，我只能形容我是「穿著虎紋的褲子，拿著鐵棒的鬼」，用這般程度的比喻來解釋。

提問者A 我記得在最初幽浮解讀的時候，您曾說過雅威與那個星球的事。您與雅威有什麼關係嗎？

雅伊多隆 有。畢竟我兼任著法官、檢察官、政治家，所以這些工作的一部分領域，皆與雅威有所重疊。

總之，我就是你最喜歡的類型。我會消滅惡勢力。

提問者A　（笑）。

雅伊多隆會訂定並執行「正義的規定」

提問者B　您的工作是「法官兼政治家」，那麼，伊爾達星上是否也存在著會做壞事的人呢？還是說，您是在協調價值觀上的差異呢？

雅伊多隆　我會去制定當代文明的規則。

提問者A　制定規則。

雅伊多隆 不遵從規則的人會被放逐，這也意味著他們必然會成為惡勢力。

提問者B 原來如此。

雅伊多隆 若是將他們收留在星球上，我們會將他們關入監獄，若是要放到外面，則是會流放到其他地方。

提問者A 那麼，您就是訂定規則、「樹立神之正義」的一人。

雅伊多隆 我也會執行那些規定。

提問者A　也會執行，原來如此。

雅伊多隆　如果要放到外面，我們有時會將人們放逐到適合他們程度的星球上。也可以說是讓他們移住到那裡。

一部分被稱為「爬蟲類型外星人」的種族，也曾被放逐到地球，因為他們的波長與當時的地球相吻合。

提問者C　您方才提到很多伊爾達星上的人們，到了其他星球都會成為彌賽亞等級的存在。這些人在地球上所從事的職業，或者是說任務都是些什麼呢？

提問者A　的確，應該不是每個人都是法官吧？

雅伊多隆　有一些人會從事更具有創造性的工作。比方說，有些人會從事「維持社會平衡、安定的工作」，也有些人會從事「創造嶄新事物的工作」。

還有一些人本身會體現，相當於你們世界的機械、機器人、電腦所做的工作內容。

來自「想要坐在神身邊的弟子們」的嫉妒

提問者A　我想我們不能將您只侷限在伊爾達星上。您會在什麼時候感到幸福或喜樂呢？

雅伊多隆　唉……（嘆氣）。沒什麼幸福或喜樂什麼的，因為每天都很不愉快。我每天都像是裹著泥巴在工作一樣。

提問者A　的確。這真的是……。

雅伊多隆　一直以來都是如此。

最近，我的工作甚至與日本草津的赤鬼沒兩樣。

提問者A　（苦笑）沒有這回事。都是因為我們地球人的覺悟程度太低，所以才會勞煩您做這般程度的工作……。

雅伊多隆　唉……（嘆氣）。反正現在也沒有其他工作可以做，所以沒有辦法。

提問者A　昨天您有提到「With Savior」、「與救世主同在」一詞。而在這之前公開收錄的靈言※中，您又提到「保護主時所應抱持的態度」一詞。我認為這些話語當中都有著一貫的主旨，這是您最重視的事情嗎？

※ **在這之前公開收錄的靈言**　2019年12月7日收錄之「雅伊多隆的靈言・保護主之人應有的態度」。參照《耶穌、雅伊多隆、托斯神的靈言》（幸福科學出版發行）。

提問者B 您對於保護愛爾康大靈，或者是對於愛爾康大靈的工作有所進展，感到幸福嗎？

雅伊多隆 啊……（嘆氣），這我必須慎選話語回答才行。因為在地球上的各位有著嫉妒心，如果這些嫉妒心朝我集中而來的話，那就很難應付了。

提問者A 確實是如此。像昨天也是一樣，每次收錄您的靈言時，我都會想，您是否會被人們嫉妒。這當然不是競爭，但仍然有些人會認為我們弟子這一邊比較偉大。

雅伊多隆 因此，我盡量不去當主角，而是在幕後保護愛爾康大靈。因為有非常多的弟子們會嫉妒，想「坐在神的左右邊」，所以沒有能容納我的位置。

提問者A 您的這番話語是有助於我們理解您的關鍵字。現在我們若是沒有外星人們的幫助，是不足以保護總裁先生的。

雅伊多隆 其實那只是你透過你自己一個人頭腦的理解和形容，對於大部分的人來說，要相信外星人的存在，就宛如要相信一個不曾見過的病毒一樣。

提問者A　的確是有這樣的難度。

雅伊多隆　你們還是去多學習一下「原始人的心情」，便能更瞭解那些人的心情。

剛剛提到的影像也是如此。人們說著「當美軍開始追蹤幽浮時，幽浮群便逃離了現場」，事實上我們根本沒有逃，是噴射機的速度太慢，所以才會在不知不覺間消失（笑）。

提問者A　（笑）你們應該在幽浮裡想著「欸，怎麼沒跟上來」吧。

雅伊多隆　就像一隻烏龜慢慢地跟在後面一樣的感覺。

提問者A　你們是不是覺得「太慢了」？

雅伊多隆　沒錯，慢得根本不像話。

有關雅伊多隆的「垂直靜止的幽浮」

提問者A　雖然有這麼多幽浮被目擊，很多人卻依然無法相信幽浮的存在。如果是幽靈，或許很多人沒有看過，但換作是幽浮，明明有那麼多的人同時目擊的事例，人們卻依舊還在質疑幽浮的存在。

雅伊多隆　畢竟影像本身可以捏造，只要有白亮的光在移動就好了吧？要造假也不是不可能。

這裡（幸福科學）所做的是透過靈言的方式，傳達外星人的心情，但其實內容程度太高，難以讓人們理解。

提問者A　的確是如此……。

前一陣子※，我拍攝到了您與梅塔多隆，外型垂直又發光的幽浮艦隊。那時候的幽浮是什麼樣的飛行物呢？

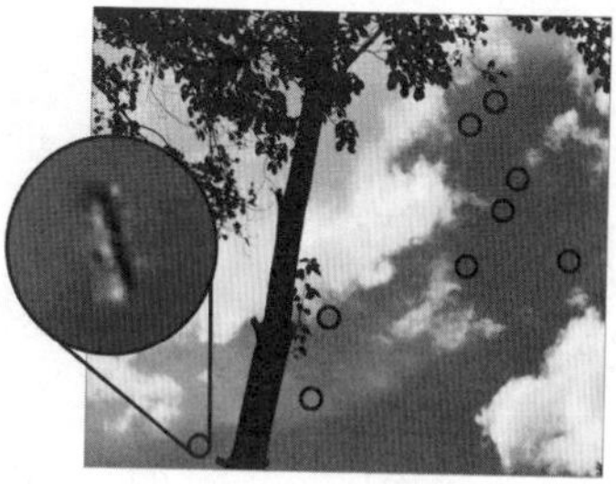

※　**前一陣子**　指的是2020年8月10日被大川隆法所發現並拍攝的照片。圓形記號的部分即是幽浮的位置，可看出一整支幽浮艦隊。
※整張彩色照片登載於本書封面後摺頁。

雅伊多隆　如果是橫的，幽浮就會飛走。但如果是垂直狀態，它便會停止。所以，我們是為了讓幽浮靜止，才將它變成直立的（笑）。

提問者A　原來如此（笑）。因為對我們來說，垂直型的幽浮是很罕見的。

雅伊多隆　我們僅是為了觀察地球，才將幽浮轉成垂直的狀態。

提問者B　幽浮在垂直的時候能暫停，但飛行時就變成打橫的狀態？

提問者A　所以您們的幽浮才會變成直立停止嗎？

雅伊多隆　飛行的時候只要將幽浮轉成橫的方向就能立刻飛走，而只要立直了就能停止。

提問者A　不好意思，我們又用地球人的感覺去討論幽浮。總裁先生也說了，這些幽浮應該既可以是垂直，也可以打橫。但我當時就不禁納悶，裡面的人會發生什麼事。

雅伊多隆　不會發生什麼事，都是一樣的。

提問者A　啊，不會變……。

提問者B　不論外觀上是橫是直，裡面的空間應該都沒有變化？

雅伊多隆　對。

提問者B　我記得我們有個影像曾錄下幽浮從橫的狀態變成直立的瞬間。

提問者A　原來其他幽浮也會這樣呀。

雅伊多隆　我們想怎樣就能怎樣。

除此之外，幽浮也會旋轉對吧？但如果裡面的人也跟著一起轉動，豈不是會頭暈嗎？

提問者A 您的意思是，即便外殼會改變型態，不過裡面的人卻是處在靜止的狀態？

雅伊多隆 沒錯。外觀雖然會轉動，但我們不受影響，能隨心所欲。要對此說明實在困難，我們與你們的認知差異太大。

當幽浮超越光速，便能上升至異次元世界

提問者A 外星人當中，有一些人曾說過他們搭乘幽浮會感到暈眩。您們不會暈眩嗎？

雅伊多隆 會暈眩的人應該都是被乘載的乘客。他們可能沒有自己獨自的幽浮，所以都請別人來載。

提問者A 原來如此。

雅伊多隆 從地球來看，幽浮和幽靈都是大同小異的存在吧。幽浮會憑空出現，也會憑空消失對吧？幽靈也是如此，兩者非常相似。

事實上，幽浮能超越三次元時空飛行。縱使這世間的噴射機，能以目前十倍的速度飛行，但那終究只是三次元存在。

而幽浮只要持續加速，其速度就會超越「光速」。當超越了光速之後，幽浮便能脫離三次元世界，上升至異次元世界。

提問者A　我瞭解了。

中國女神洞庭湖娘娘有認識到外星人的存在

提問者A　容我再換另一個話題……。

雅伊多隆　請不要問我「味噌拉麵好不好吃」此類的問題。

提問者A　（笑）的確過去我們曾詢問您許多有關食物的問題。

※ **洞庭湖娘娘**　位於中國湖南省北部，中國第二大淡水湖洞庭湖的女神。參照《大中華帝國崩壞的序曲 中國的女神洞庭湖娘娘、泰山娘娘、非洲的祖魯神的靈言》（台灣幸福科學出版發行）

最近，我們常和中國女神洞庭湖娘娘透過靈言對談，她曾說過她認識您，並說您「有時會為了補給水分而來」。是這樣子嗎？

雅伊多隆 唉……（嘆氣）。畢竟她也算是一個異次元存在。

提問者A 您認識她？

雅伊多隆 比起和你們對話，要來得相對容易。

提問者A 原來如此。也就是說您認識她。

雅伊多隆　宇宙中有各種異次元的存在。若是被束縛在這世間的幽靈，恐怕難以認識到我們的存在。但如果是更高次元的存在便能對我們有所認識。我去洞庭湖那裡的時候，也不是沒有……。

提問者A　對談？

雅伊多隆　是有那樣的可能性。

提問者A　原來如此，我瞭解了。

雅伊多隆　這也要看對方的認識力。若對方在我們能認知的範圍內，我們便能對談。

如果換成是你們江戶時代的幽靈，例如「阿菊」或「阿岩」這般程度的存在，那麼應該就無法和我們對談了。因為他們無法瞭解我們是何等存在。

當然，我們也可能會被分類為某種「妖怪」（笑）。

提問者A 的確（笑）。如果被目擊的話。

雅伊多隆 人們無法理解我們的存在。

日本常常有目擊到「河童」的案例，但有一部分應該是人們誤會，其實是看到了「小灰人」。

提問者A　啊，原來那是小灰人啊……。

雅伊多隆　對日本人而言，小灰人看起來都像是河童吧。

提問者A　的確。他們的身形略為嬌小。

雅伊多隆　他們背部上看似龜殼的凸起物，應該是為了在宇宙中移動的裝置的一部分。

5 地球在宇宙之中的定位

中國與他國之間的紛爭，就宛如「甲蟲之間的打架」一般

雅伊多隆 各個星球的外星人都會來到地球，試圖當地球上的領導者。但當他們被驅逐，不再身處於領導者的立場時，有一些人就會變化為其他各種形式，繼續存在於地球當中。

話雖如此，現在地球也漸漸地給人一種拘束、不自在的感覺。這部分，我開始覺得有解決的必要，唉……（嘆氣）。

提問者C 您說的「拘束感」，是因為方才您所說的，我們地球人的心境程度太低嗎？因為我們看起來像原始人……？

提問者A 是因為我們的程度沒有上升？

雅伊多隆 實在是很無趣啊！

提問者C 是。

雅伊多隆 從我們來看，中國與他國之間的紛爭，就像是甲蟲或鍬形蟲為了樹上的蜜汁，在爭奪地盤一樣，彷彿像是在比相撲。

聯合行星的人們皆依照各自立場，觀看著地球

提問者A　在我們得知有「聯合行星」的存在之後，您、R・A・高爾、梅塔多隆也漸漸地開始現身。您們都是聯合行星當中的一份子嗎？

雅伊多隆　我們不需要將聯合行星的內容，或者誰是領導者、都在做些什麼等內容告訴地球人。

你們只要知道，只有和你們有利害關係的人們才會出現。

提問者A　原來如此、原來如此。

雅伊多隆 有些人會像我們一樣，每天觀察著你們，也有一些人會觀察其他地方，比如帛琉群島的人們。

提問者A 是，我瞭解了。

雅伊多隆 不好意思啊！或許你們感覺到我有一點累了。

提問者C 不，我們才感到很抱歉，從昨天就一直勞煩您。

提問者A 總裁先生在收錄完您的靈言時也有說過，看了地球的現狀，您肯定感到非常疲倦（苦笑）。

另一方面，聆聽了您的話的人們，也對您感到疑惑，質疑於「雅伊多隆與天上界的高級靈是不同的存在，不知該如何加以理解，也不知是否該相信其話語」。

雅伊多隆　有時候，我們會有某種絕望感，會想要一個人獨自飛到宇宙其他地方。

提問者A　當您們觀看我們地球的時候嗎？

雅伊多隆　凡是涉及到你們的事，都會這樣（笑）。

提問者AC　（苦笑）。

雅伊多隆　這實在是太……，該如何說才好呢。你們就像一年級的小學生一樣，連加法、減法都還不會。嗯……實在是有點累。

面對教團的職員……，希望大川總裁不會像我們一樣感到絕望，進而想要飛去裏側宇宙，或者是宇宙的邊界。

提問者A　但這種心情……。嗯，說得也是（苦笑）。

地球人與上野動物園的「熊貓家族」相差無幾？

提問者C　儘管您感到如此疲倦，但您還是每天……。

提問者A　沒錯，今天也真的感謝您降臨至此。

提問者C　嗯，非常感謝您的降臨。

提問者B　感謝您。

提問者C　您認為，我們必須珍惜「愛爾康大靈還願意為我們留在地球上工作」？

雅伊多隆　唉……（嘆氣）。你們啊！真的和上野動物園的熊貓家族沒什麼不同。

提問者C　（笑）。

雅伊多隆　其他外星人們看了地球都會感嘆「欸，地球還在如此階段耶。他們還會懷孕、生產、撫育耶」。

提問者BC　（笑）。

提問者A　的確（笑）。更是進化的文明，想必不是這樣的型態了吧。應該是更不費力氣的方式。

雅伊多隆　沒錯。宇宙中的確存在著和地球條件相同的其他星球。他們同樣無法看到靈界，並且需要轉生於世間，進入肉體當中。不過星球彼此之間還是存在著一些差異。有些星球只存在著靈魂的世界，而有些地方，靈魂則是會在靈界與物質界之間來來去去。這兩種星球都存在。

提問者A　在二〇一八年的夏季，總裁先生講述了「宇宙時代的開幕」※的法話。當時，他曾說過「雖然地球不是非常發達，但在精神層面上，還是有其他星球值得學習的部分」……。

雅伊多隆　有時他講的是客套話，所以你們要注意一下。

提問者A　（苦笑）的確我們連精神性都很低，畢竟現在地球上蔓延著唯物論。

雅伊多隆　如果他不那麼講，那就……。

提問者B　或許總裁先生是將人類與「原始的爬蟲類型外星人」相比，而講述了那一番話。

※ **「宇宙時代的開幕」**　2018年7月4日，於埼玉超級競技場舉行的誕生慶典法話。此次法話內容收錄於《青銅之法》（幸福科學出版發行）。

提問者C 是啊。

提問者A 原來如此。我不應該向您提這個的。

雅伊多隆 從我們來看，真的是辛苦了愛爾康大靈，在地球上接納如此多樣的種族。

提問者A 的確。

雅伊多隆 他真的是聆聽了相當多的無理要求。
其實如果他不喜歡，他只要說「不准來」這一句話就好了。

地球上所進行的「靈魂的創造」、「靈魂的進化」之實驗

提問者A　當我透過幽浮解讀等等，瞭解了各種星球的事情之後，我本以為地球聚集了很多相似的種族，但您的意思是，地球其實是一個有著多樣人種的熔爐？

雅伊多隆　應該是可以那麼說吧。

如果有人去了一個只有甲蟲和鍬形蟲的星球，那麼此人對於該星球來說，就是外星人。宇宙當中，想必有這樣的星球存在吧。在那個終於長出植物、草木的世界，甲蟲和鍬形蟲的出現，一定是最高度進化的生物。

提問者A 這麼說來，總裁先生的愛真的是很深……。

雅伊多隆 我認為地球也正進行著「靈魂的創造」。從很微小的存在，漸漸地到各種高度、多樣的生物，將靈魂宿於其中，歷經好幾億年的歲月，實驗著靈魂進化的過程。

「接下來創造出寵物程度的生物，使其進化之後，再創造出人類」，我想地球就是進行著這般靈魂進化的實驗。

提問者A 原來如此。

雅伊多隆 就像過去一樣，如果生物的數量太多，就有可能發生「文明的消滅」。現在，地球或許就處於如此時期。

打個比方，即使照不到太陽，鼴鼠還是能活下來。即便有些生物若是沒有陽光就會滅絕，但鼴鼠卻開始展開牠獨自的進化。牠可能會創造地下帝國，並且最後開始考慮浮出地面上過活。

就像這樣，地球上進行著無數種的生命實驗。

但要幽浮關連的事物在地球上與人類並行存在，就你們的文明來說實在是很困難吧！若外星人要在地球上生活，就需要一部分的人來引導或擔任翻譯吧！畢竟，你們應該不想看到他們自由地走在路上，或站在十字路口等待的樣子吧！

提問者A　（笑）若樣貌又與地球人不一樣，人類應該會感到很震驚。

既能製造水，又能瞬間移動的「外星人的科技」

提問者A 占用您這麼多時間，真的很抱歉，請容我詢問最後一個問題。有些地球人認為「宇宙當中若是沒有水，則不可能有生物存在」。真的是如果沒有水，就不可能有生物嗎？外星人的型態也是這樣嗎？

雅伊多隆 「水」呀，要創造多少就有多少。

提問者A 啊！如果是擁有創造出水的技術的種族，即便該星球上沒有水，只要能自己創造出來就沒有問題？

雅伊多隆　水是能製造出來的。以我們的科技水平，我們能自由地組合化學元素，製造出水。

提問者A　有一些人之所以會認為外星人不存在，是因為其他星球上沒有存在水的痕跡。

雅伊多隆　如果要在那星球上誕生出生命，並讓其居住，我們便會創造出水。

提問者A　瞭解，您們會自己製造。

雅伊多隆 我們還能將水移動到其他星球。若在某顆星球上有水源，但在生命的實驗上並非是必要之地，我們便會將該星球上的水，瞬間移動到其他星球。

提問者A 好厲害，能讓水瞬間移動。

雅伊多隆 就像「該星球突然出現如諾亞時代的洪水」一樣。所以我們真的是什麼都辦得到。若是講太多，對你們來說就太可憐了，因為我會讓你們感覺像是回到了過去的原始時代。

地球被監視並受到保護的理由

提問者A　接續昨天，這兩天真的承蒙您照顧了，謝謝您。

雅伊多隆　不過，地球是個能創造出生命，讓生命成長，並能使其變得多樣化的星球。所以，就這層意義上來說，地球是一個很寶貴的生命實驗之地。宇宙各地有許多外星人都想著要保護這塊生命之地，進而轉生在這地球上。

所以，地球是個被眾多外星人監視且受到保護的星球。

如果地球人是往好的方向毀滅自己的文明，那還另當別論，但若是往壞的方向毀滅，我們就有可能介入其中。我不知道H．G．

威爾斯所描述的《星際戰爭》會不會發生，但我們不會輕易地遭受病毒的摧毀。被病毒摧毀的是人類。

提問者A 原來如此，您的愛真的是很深啊。

雅伊多隆 我可是很溫柔的。

提問者A 在非公開收錄靈言的時候，我曾與您對談過，當時我真的覺得您有著很深的愛。

現在您只是表現出一部分的型態，而人們僅是從那觀點理解您的存在，所以還是會覺得您充滿著神祕與未知之處。

此外，只用「爬蟲類型外星人」一詞……，我覺得尚不足以形容您的樣貌。

雅伊多隆 對，不過要是我不說「我是來自宇宙的外星人」，你們便無法理解。

提問者A 確實無法理解。

您只是依照各種不同的工作，進而展現出相對應的型態。但如果人們只用那來判斷一切，真的是會出差錯。

雅伊多隆 你們也是一樣，如果出國留學，的確是能夠增廣見聞。但要是你們瞬間飛到了其他星球，生活了一段時間後再返回地球，你們就會變得像是「浦島太郎」一樣，難以向他人傳達那段經驗。

6 給地球人的訊息

必須創造出「能跟隨主之教義的人們」

提問者A　那麼，作為總結，您有什麼想傳達的訊息嗎？

雅伊多隆　嗯……。現今愛爾康大靈降臨於地球，所以我認為地球必須創造更美好的未來。不過，今後會出現「崩解」與「混沌」的時間，人們或許會覺得地球文明在退化。

在那段過程中，雖然會感到辛苦，但正是在這種時候，你們必須創造出願意跟隨主之教義的人們。人們不可只相信自己的「小聰明」，逕自判斷善惡。大量出現抱持如此想法的人，對世界沒有益處。

這樣的人也存在於教團當中，即使是信徒當中也有很多這樣的人。簡單來說，這些人對待信仰的態度就是「若是能帶來現世利益、有助於自己的工作、能讓自己出人頭地的話，我就願意相信。但若是沒有益處，我就不相信」，雖然這種人非常多，卻也是沒有辦法的事。

我的工作之一，就是要安慰愛爾康大靈所感到的孤獨，並保護祂到最後。

提問者A　好。

雅伊多隆　我們知道人類現在的程度，所以請你們不要對人類的現狀感到絕望。

「濃縮了覺悟的精髓」即是神的存在

提問者A　與昨天的關鍵字一樣，您想說的是，我們還是必須要抱持著更堅強的「With Savior」（與救世主同在）、「與愛爾康大靈一同前行」的心境，對吧？

雅伊多隆　對。不過，就像在水中游泳一樣，人寄宿於肉體之時，必定會遇上一定的阻力。從這層意義來說，這個世間是個能鍛鍊「心」的環境，是一個很寶貴的機會。

提問者A　原來如此。

雅伊多隆　即便這也有缺點，人可能會因為肉體而迷失了自己、看不見真相。但也正因為宿於肉體，所以才能夠對「心」進行探究，進而才能夠鍛鍊「心」。

鍛鍊了「心」，隨後而來才是「覺悟」。

「覺悟」其實是為了能於宇宙生存的重要力量。而最終，濃縮了覺悟的精髓，即是「神」的存在。

提問者A 所以，作為一個能讓人宿於肉體進行修行之地，地球對於人們來說，還是有其助益？

雅伊多隆 對，你們還是必須考量到這一點。就算在榻榻米上練習游泳，也不會練出效果，對吧？人們必須在游泳池或海裡練習，才能真正地學會游泳。即便讀了如何游泳的書籍，也同樣沒有效果。終究還是必須要實際體驗。

透過寄宿在肉體中，人們便能得到一次寶貴的機會，學到心與肉體不同，心才是代表自己真正的存在。無法理解如此真理之人，便會變成唯物論者。

提問者A 我瞭解了。

雅伊多隆 那些唯物論者都自認為自己很聰明，然而這就是導致現代混亂的原因。

提問者A 是。

必須堅忍不拔地，一點一滴地引導人類

提問者A　連續兩天，真的很感謝您。

雅伊多隆　或許我的話語聽起來有些悲觀，但有時我也是有好心情的。祈禱那樣的時期能夠到來。

提問者A　是。

雅伊多隆　這兩、三年，即便我講了許多內容，卻覺得有點白費力氣的感覺。

提問者A　白費力氣啊。

雅伊多隆　人們未必會因為我們出現的頻率增加，進而就相信了。所以我們也只能在各種宗教現象當中現身，讓人們慢慢地習以為常。

提問者A　我們打從心底感謝您總是在幕後協助我們。

提問者C　由衷地感謝您。

雅伊多隆　其實呀，熊貓的白色部分就是你，而我則是黑色的部分。

提問者A　沒有那回事（笑）。真的感謝您總是在人所未見之處幫助著我們。與我相比，您更有愛。

雅伊多隆　沒有沒有。不過，你是個單純、直率，又容易心情不好的類型……。

提問者A　（笑）。

雅伊多隆　這種單純率直的個性，其實對我們來說還有著方便的一面。因為當你單純地同意我們想法的時候，我們便可以順利地一同努力，而你生氣的時候，我們只要遠離你就好。

提問者A （笑）。

雅伊多隆 這確實很方便。複雜思考的人，相對來說比較難以應付。

提問者A 人們會自以為是地想要利用他人等等。

雅伊多隆 沒錯。

提問者A 這樣確實不太好。

雅伊多隆 不過回到正題，我們還是必須一點一點地引導人類全體。這只能堅忍不拔地、頑強地去做。唉……（嘆氣），這真是沒有辦法。

在冠狀病毒的時期，所應預先準備之事

雅伊多隆　所以，總裁先生若獨自閉關，聆聽宇宙的聲音，或許他真的就變成了「神」。

雖然弟子們與祂的距離會不斷拉開，這有點令人難過，但也是沒有辦法的，因為各位不能剝奪「救世主的時間」。

提問者A　您說得沒錯。我也感覺到，我們弟子必須覺悟「今後我們與主之間的距離將會越來越大」。

雅伊多隆　即便是耶穌，在數千人面前說法，或者是引起奇蹟現象之後，他都會立刻渡湖，到山中閉關。

若沒有維持一人獨處，他便無法與我們說話，因為會忘卻自己的本來之心。從這層意義來說，救世主的「現身」固然重要，但「隱藏自己」也同樣重要。

有些事物必須趁現在是冠狀病毒的時期，預先做好準備。正是在這樣的時期，才可以進行平常不會做的事。或許現在正好是「探索宇宙資訊」的時期。

提問者A　原來如此。我們在明年（二〇二一年），正好會上映電影「宇宙之法2」※。

雅伊多隆 是啊！如果你們能提升人們的「常識」，我們便能做更多的事。

提問者A 是。今後也請……。（笑）該怎麼說才好呢。今後也請您克服絕望，持續守護我們，感謝您。

雅伊多隆 嗯。如果世間變得過於辛苦，我會招募外星人會員，我會創造一個「幸福科學宇宙之會」。

提問者A 原來如此。太好了。

※ **「宇宙之法2」** 電影「宇宙之法」系列的第二部，「宇宙之法－埃洛希姆篇－」（製作總監 大川隆法，日本2021年上映）。

雅伊多隆 嗯，畢竟宇宙當中不是只有地球人。

提問者A 我想，或許身為「地球之神」的總裁先生，將會漸漸地展露出「宇宙之神」的一面。

雅伊多隆 相對地，你們必須對抗地球上所有被稱為知識份子的人們，如此時期必將到來。

提問者A 原來如此。

雅伊多隆 這是非常棘手的部分，只透過世間的學問，無法接觸到真理。

提問者A　的確。

雅伊多隆　或許使用權宜之計的時間還會持續下去，但我們要以何種頻率出現、要完成何種工作，我們會在宇宙當中思索。

提問者A　好，我瞭解了。

雅伊多隆　好，以上就是我想說的話。

提問者一同　感謝您。

後記

將近四十年時間，我與不可思議的世界持續進行了「知性上的搏鬥」。從地球靈團的最高境界到地獄界最深處，我與數千位靈人對話過。而從十多年前開始，我向世人傳達外星人們的想法。對於身處於無明當中的人們來說，勢必認為那是不可能的事。

然而，我終究是一個知性、合理，又秉持科學精神的人。從初期的書籍（《太陽之法》等）以來，我便向人們傳達外星人的存在、他們曾飛往過去文明的事實，以及現代人當中亦存在著外星人的子孫，或彼此混種的真相。

本書從外星人的觀點，揭露了大川隆法的使命。當中也記載了人類如何與「宇宙中最高度進化之存在」交流的條件。這書寫的一切內容，皆為事實。與宇宙存在通訊的方式，與進行「靈言」的方式幾乎相同。

二〇二〇年　八月三十日

幸福科學集團創立者兼總裁　大川隆法

HAPPY SCIENCE

幸福科學集團介紹

幸福科學透過宗教、教育、政治、出版等活動，以實現地球烏托邦為目標。

幸福科學

一九八六年立宗。信仰的對象為地球靈團至高神「愛爾康大靈」。幸福科學信徒廣布於全世界一百多個國家，為實現「拯救全人類」之尊貴使命，實踐著「愛」、「覺悟」、「建設烏托邦」之教義，奮力傳道。

愛

幸福科學所稱之「愛」是指「施愛」。這與佛教的慈悲、佈施的精神相同。信眾透過傳遞佛法真理，為了讓更多的人們能度過幸福人生，努力推動著各種傳道活動。

覺悟

所謂「覺悟」，即是知道自己是佛子。藉由學習佛法真理、精神統一、磨練己心，在獲得智慧解決煩惱的同時，以達到天使、菩薩的境界為目標，齊備能拯救更多人們的力量。

建設烏托邦

我們人類帶著於世間建設理想世界之尊貴使命，而轉生於世間。為了止惡揚善，信眾積極參與著各種弘法活動。

入會介紹

在幸福科學當中，以大川隆法總裁所述說之佛法真理為基礎，學習並實踐著「如何才能變得幸福、如何才能讓他人幸福」。

入會

想試著學習佛法真理的朋友

若是相信並想要學習大川隆法總裁的教義之人，皆可成為幸福科學的會員。入會者可領受《入會版「正心法語」》。

三皈依誓願

想要加深信仰的朋友

想要做為佛弟子加深信仰之人，可在幸福科學各地支部接受皈依佛、法、僧三寶之「三皈依誓願儀式」。三皈依誓願者可領受《佛説・正心法語》、《祈願文①》、《祈願文②》、《向愛爾康大靈的祈禱》。

幸福科學於各地支部、據點每週皆舉行各種法話學習會、佛法真理講座、經典讀書會等活動，歡迎各地朋友前來參加，亦歡迎前來心靈諮詢。

台北支部精舍
台北市松山區敦化北路 155 巷 89 號

幸福科學台灣代表處
台北市松山區敦化北路 155 巷 89 號
02-2719-9377
taiwan@happy-science.org
FB：幸福科學台灣

幸福科學馬來西亞代表處
No 22A, Block 2, Jalil Link Jalan Jalil Jaya 2,
Bukit Jalil 57000, Kuala Lumpur, Malaysia
+60-3-8998-7877
malaysia@happy-science.org
FB：Happy Science Malaysia

幸福科學新加坡代表處
477 Sims Avenue, #01-01, Singapore 387549
+65-6837-0777
singapore@happy-science.org
FB：Happy Science Singapore

與救世主同在 來自宇宙存在雅伊多隆的訊息 = With Savior

ウィズ. セイビア—救世主とともに— 宇宙存在ヤイドロンのメッセージ

作　　者／大川隆法
翻　　譯／幸福科學經典翻譯小組
封面設計／Lee
內文設計／顏麟驊

出版發行／台灣幸福科學出版有限公司
104-029 台北市中山區中山北路三段 49 號 7 樓之 4
電話／ 02-2586-3390　傳真／ 02-2595-4250
信箱／ info@irhpress.tw
法律顧問／第一法律事務所　余淑杏律師

總 經 銷／旭昇圖書有限公司
235-026 新北市中和區中山路二段 352 號 2 樓
電話／ 02-2245-1480　傳真／ 02-2245-1479

幸福科學華語圈各國聯絡處／
台　　灣　taiwan@happy-science.org
地址：台北市松山區敦化北路 155 巷 89 號（台灣代表處）
電話：02-2719-9377
官網：http://www.happysciencetw.org/zh-han
香　　港　hongkong@happy-science.org
新 加 坡　singapore@happy-science.org
馬來西亞　malaysia@happy-science.org
泰　　國　bangkok@happy-science.org
澳大利亞　sydney@happy-science.org

書　　號／978-626-95515-5-2
初　　版／2021 年 12 月
定　　價／380 元

國家圖書館出版品預行編目 (CIP) 資料

與救世主同在：來自宇宙存在雅伊多隆的訊息 = With Savior／大川隆法作；幸福科學經典翻譯小組翻譯. -- 初版. -- 臺北市：台灣幸福科學出版有限公司，2021.12
248 面；14.8×21 公分
譯自：ウィズ・セイビア-救世主とともに-：宇宙存在ヤイドロンのメッセージ
ISBN 978-626-95515-5-2（平裝）

1. 新興宗教　2. 靈修

226.8　　110021791

Originally published in Japan as
'*With Savior Kyuseishu to Tomoni - Uchu Sonzai Yaidron no Message-*'
by IRH Press Co., Ltd. Tokyo Japan

廣告回信
台北郵局登記證
台北廣字第5433號
平信

IRH Press Taiwan Co., Ltd.

台灣幸福科學出版有限公司

104-029 台北市中山區中山北路三段49號7樓之4

台灣幸福科學出版　編輯部　收

請沿此線撕下對折後寄回或傳真，謝謝您寶貴的意見！

大川隆法 Ryuho Okawa

與救世主同在

With Savior

台灣幸福科學出版有限公司

與救世主同在
讀者專用回函

非常感謝您購買《與救世主同在》一書，
敬請回答下列問題，我們將不定期舉辦抽獎，
中獎者將致贈本公司出版的書籍刊物等禮物！

讀者個人資料　**※本個資僅供公司內部讀者資料建檔使用，敬請放心。**

1. 姓名：　　　　　　性別：□男　□女
2. 出生年月日：西元　　年　　月　　日
3. 聯絡電話：
4. 電子信箱：
5. 通訊地址：□□□-□□
6. 學歷：□國小 □國中 □高中／職 □五專 □二／四技 □大學 □研究所 □其他
7. 職業：□學生 □軍 □公 □教 □工 □商 □自由業□資訊 □服務 □傳播 □出版 □金融 □其他
8. 您所購書的地點及店名：
9. 是否願意收到新書資訊：□願意　□不願意

購書資訊：

1. 您從何處得知本書的訊息：（可複選）□網路書店　□逛書局時看到新書　□雜誌介紹　□廣告宣傳　□親友推薦　□幸福科學的其他出版品　□其他
2. 購買本書的原因：（可複選）□喜歡本書的主題　□喜歡封面及簡介　□廣告宣傳　□親友推薦　□是作者的忠實讀者　□其他
3. 本書售價：□很貴　□合理　□便宜　□其他
4. 本書內容：□豐富　□普通　□還需加強　□其他
5. 對本書的建議及觀後感
6. 您對本公司的期望、建議…等等，都請寫下來。

IRH Press Taiwan Co., Ltd.
台灣幸福科學出版有限公司